QUER
FELD
EIN

Alexander Schug / Frank Petrasch

Mikro-Expeditionen

QUER FELD EIN

Brandenburg

IMPRESSUM

Bibliografische Informationen der Deutschen Nationalbibliothek
Die Deutsche Nationalbibliothek verzeichnet diese Publikation in der Deutschen Nationalbibliografie; detaillierte bibliografische Daten sind im Internet über http://dnb.d-nb.de abrufbar.

ISBN: 978-3-86408-201-6

Titelgestaltung und Satz:
Frank Petrasch

Redaktionelle Mitarbeit:
Berenike Schaak

Coverabbildungen: Bad Belzig Kur GmbH; 2Wave, Frank Sorge; Martina Arlt; Packeseltouren, Sarah Fuchs (v.r.n.l.)

© Copyright:
Vergangenheitsverlag,
Berlin / 2017
www.vergangenheitsverlag.de

Alle Rechte, auch die des Nachdrucks von Auszügen, der fotomechanischen und digitalen Wiedergabe und der Übersetzung, vorbehalten.

ABBILDUNGSVERZEICHNIS

Vergangenheitsverlag: S. 32, S. 36, S. 58, S. 63, S. 76, S. 103, S. 108, S. 112, S. 118

mundraub.org, CC BY-SA 3.0, S. 14; Christian Masche, S. 18; Jan Beck, CC BY 2.0, www.flickr.com/photos/ jancbeck, S. 22; Nationaler GeoPark Eiszeitland am Oderrand, S. 28; Wellcome Library, London, August Bier. Photograph, CC BY 4.0, S. 40; Lienhard Schulz, CC BY-SA 3.0, commons.wikimedia.org/w/index.php?curid=19463238, S. 44; Kloster Alexanderdorf, S. 50; Pascal Volk, CC BY-SA 2.0, www.flickr.com/ photos/sigalrm /26390720654, S. 54; Mammutmarsch UG, S. 68; Rüdiger Stehn, CC BY-SA 2.0, www.flickr.com/photos/rstehn/164297629 85, S. 72; Bastian Barucker, S. 80; Capriolenhof, S. 86; Schloss Ziethen, S. 90; MiGowa, CC BY 2.0, www.flickr.com/photos/31265723@N04/4483717629, S. 94; Lienhard Schulz - Eigenes Werk, CC BY-SA 3.0, https://commons.wikimedia.org/w/index.php?curid=32289392, S. 98; Martina Arlt, S. 122; danraneti, CC BY 2.0, www.flickr.com/photos/ 27260343@N02/24585381843, S. 126; Kresspahl, gemeinfrei, S. 130; Sarah Fuchs, S. 136, Assenmacher, CC BY-SA 4.0, commons.wikimedia.org/wiki/ Category:Lesef%C3%A4hrten_Waldweisen#/media/File:M%C3%A4rkisch_Buchholz_Lesef%C3%A4hrten_Waldweisen_Lesepult.jpg, S. 140; Bad Belzig Kur GmbH, S. 144; Frank Sorge, S. 150; Atlantis Tauchbasis Thomsdorf, S. 154; Lothar22, CC BY-SA 4.0, de.wikipedia.org/wiki/Motzener_See #/media/File:Motzener_See.JPG, S. 158; Martin Richer, S. 164; Landkreis Teltow-Fläming, S. 168; Waldparadies Borkheide, S. 174; Therme, S. 178; Schloss Ziethen, S. 182.

INHALT

VORWORT 11

MIT ANPACKEN UND DRECKIG MACHEN

1 - BRANDENBURGWEIT
Auf Los gibts Obst! 15

2 - LETSCHIN/ORTWIG
Drechseln lernen 19

3 - TELTOW/RUHLSDORF
Auf Tuchfühlung mit Biene Maja - Imkern in Brandenburg 23

WAS MIT KULTUR UND GESCHICHTE

4 - ZIETHEN
Eine Wanderung durch die Eiszeitlandschaft 29

5 - BOGENSEE UND PRENDEN
Goebbels Liebschaften und Honeckers Bunker 33

6 - SEELOWER HÖHEN
Brandenburgs Schlachtfelder und wie wir uns an Krieg erinnern 37

7 - SAUEN
Ein Wald und die Lebensreformbewegung in Brandenburg 41

8 - ROTES LUCH
Die Höhle des Zarathustra 45

FÜR GEIST UND SEELE

9 - AM MELLENSEE
Ora et labora im Kloster Alexanderdorf — 51

10 - GÜLPE
Weltliches Schweigen im Sternenpark — 55

11 - EBERSWALDE - BERNAU
Auf dem Jakobsweg pilgern — 59

12 - BAD SAAROW
Den Geist friedvoll machen — 63

IRON CHALLENGE

13 - ERKNER - GUSOW
100-km-Marsch in 24 Stunden — 69

14 - RUPPINER LAND
Nachtwandern als Mutprobe — 73

15 - NEURUPPIN
Triathlon – für Anfänger — 77

16 - SCHLAUBETAL
In die Wildnis, zum Waldkauz... — 81

BESTES ESSEN

17 - BREDEREICHE
Capriolen mit Ziegenkäse — 87

18 - GROSS ZIETHEN
Die schwarze Küche Brandenburgs — 91

19 - BRANDENBURG AN DER HAVEL
Frischer Fisch muss auf den Tisch! — 95

20 - BRANDENBURGWEIT
Die besten Hofläden — 99

MYSTISCHE ORTE

21 - REITWEIN 105
Am Sporn im Übergang zum Himmel

22 - TEUFELSSEE AM RAVENSBERG 109
Von grässlichen nie gehörten Tönen und mutigen
Beschwörern

23 - BAD WILSNACK 113
Christi Wunderblut und das Wallfahren

ANDERS LEBEN

24 - BAD BELZIG 119
Das Zentrum für experimentelle Gesellschaftsgestaltung

25 - BRANDENBURGWEIT 123
WWOOFen in Brandenburg

26 - TEMPLIN/VIETMANNSDORF 127
Gemeinsames Landwirtschaften in der Uckermark

27 - JOACHIMSTHAL 131
Mitleben in einer offenen Gemeinschaft

NATUR ERLEBEN

28 - STOLZENHAGEN 137
Packeseltouren durch das Odertal

29 - MÄRKISCH BUCHHOLZ 141
Die Lesefährte der Waldweisen

30 - BAD BELZIG 145
Barfußwandern

WASSER!!!

31 - PRITZERBE
Wellen reiten auf der Havel — 151

32 - THOMSDORF
Abtauchen in tiefe Gewässer — 155

33 - BRANDENBURGWEIT
Die schönsten Strandbäder — 159

WINTERSPORT

34 - LÜBBENAU/SPREEWALD
Winterpaddeln auf der Spree — 165

35 - JÜTERBOG
Wintersport auf der Flaeming-Skate — 169

EINFACH NUR MAL ABHÄNGEN

36 - BORKHEIDE
Zwischen drei Bäumen in der Schwerelosigkeit — 175

37 - BRANDENBURGWEIT
Von Thermen, SPAs und Saunalandschaften — 179

38 - BRANDENBURGWEIT
Abhängen wie Burgfrolleins und legere Prinzen — 183

VORWORT

Dieses Buch ist anders als ein normaler Reiseführer, abseits vom Spartendenken haben wir uns auf die Suche nach neuen Ideen zur Freizeitgestaltung gemacht. Verwundert wurden wir dabei oft gefragt, wie denn diese wilde Mischung aus Themen in ein und dasselbe Buch passen kann. Ganz einfach: Ist in uns allen nicht auch eine wilde Mischung von unterschiedlichsten Interessen? Wer hat schon Lust jedes Wochenende die gleichen Dinge zu tun? Wie sagte doch gleich Jean Paul: „Nur Reisen ist Leben, wie umgekehrt das Leben Reisen ist." Warum also nicht – neben der vielen Action – einmal eine Reise nach innen wagen? Oder einfach abhängen und am nächsten Wochenende dreckig machen?

Es hat richtig Spaß gemacht, dieses Buch zu schreiben, die vielen kleinen Abenteuer, die Brandenburg bietet, kennenzulernen und zu erleben. Gleichzeitig war es nicht einfach, aus den zahlreichen Möglichkeiten ein buntes Portfolio zusammenzustellen, das die vielen Möglichkeiten aufzeigt. So stellen die vorgeschlagenen Themen eine runde Palette an Ideen dar, Brandenburg in seinen unterschiedlichen Facetten zu erleben. Doch sicherlich gibt es noch viel mehr zu erleben...

Unser besonderer Dank gilt allen, die beim Zusammentragen der Aktivitäten geholfen haben und die uns dabei unterstützt haben, Brandenburg neu erleben zu dürfen. So ist ein Crossover-Freizeitführer entstanden, der für viele Wochenenden im Jahr immer wieder Abwechslung und neue Herausforderungen bietet. Das ist Querfeldein Brandenburg: Mal langsam, mal schnell, mal dreckig machen, mal fallenlassen. Eine hoffentlich spannende Lektüre für alle, die sich am liebsten sofort auf die Socken machen möchten, um neue Abenteuer zu erleben.

In diesem Sinne viel Spaß unterwegs und querfeldein wünschen

Alexander Schug und Frank Petrasch

MIT ANPACKEN UND DRECKIG MACHEN

Machst du dir gern die Hände schmutzig? Entspannung bedeutet für dich nicht, faul am Strand zu liegen? Dann bist du in diesem Kapitel richtig. Finde raus, wo du in Brandenburg dein eigenes Obst ernten kannst. Lass die Späne fliegen beim Drechseln. Schau Imkern auf die Finger und stell vielleicht schon bald deinen eigenen Honig her.

BRANDENBURGWEIT

AUF LOS GIBTS OBST!

Obst kommt aus dem Supermarkt oder vom Händler um die Ecke. Diese Binsenweisheit des städtischen Lebens wird in der Regel nur von Kleingartenbesitzern Lügen gestraft. Dabei vergessen wir oft, dass es in Brandenburg ein fast unerschöpfliches Reservoir an frei zugänglichem Obst, Beeren und Kräutern gibt. Das Sammeln und Pflücken kostet dabei keinen Cent. Zu verdanken haben wir diese Großzügigkeit den Streuobstwiesen, einer lange Zeit wenig beachteten, bäuerlichen Kulturlandschaft Brandenburgs, die es zu pflegen und zu schützen gilt.

Aprikosen, Kirschen, Quitten, Haselnüsse, Himbeeren, Äpfel, Birnen – all das und noch viel mehr liegt in Brandenburg quasi auf der Straße. Okay, nicht auf der Straße, aber doch zumindest an der Straße. Laut Ministerium für Ländliche Entwicklung, Umwelt und Landwirtschaft (MLUL) gibt es in Brandenburg ca. 1000 ha Streuobstbestände. Hier können von Mai bis November Äpfel, Birnen, Kirschen, Pflaumen oder Walnüsse geerntet werden. Das Tolle an der ganzen Sache: Auf den öffentlich zugänglichen bzw. freigegebenen privaten Flächen kostet das Obst lediglich Einsatz und Muskelkraft. Der Rest ist für umme – und das Obst hat sogar das „Bio"-Prädikat. Denn die Bewirtschaftung der Wiesen mit Dünger und Pestiziden ist untersagt.

Doch woher weißt du, wo in Brandenburg welches Obst wächst? Schließlich handelt es sich bei den heutigen Obstbäumen um unregelmäßig gepflanzte Bestände, deren Ursprünge 100 Jahre und mehr zurückliegen. Wer sich nicht

MIT ANPACKEN UND DRECKIG MACHEN

ausschließlich auf Mundpropaganda aus dem Bekanntenkreis verlassen möchte, dem sei die Plattform Mundraub.org ans Herz gelegt. Die Mitglieder der Mundraub-Community haben es sich zur Aufgabe gemacht, Streuobstwiesen und Obstbäume im öffentlichen Raum zu entdecken, zu erhalten und nachzupflanzen. Herzstück ist dabei eine interaktive, deutschlandweite „Obst-Karte". Hier können Besucher die Fundorte von frei zugänglichen Obstbäumen und -sträuchern, Nussbäumen und Kräutern recherchieren oder auch selbst eintragen. Das gute daran: Jeder kann mitmachen und sein Wissen über bislang geheime Streuobstparadiese teilen. So kannst du mit einem Klick Brandenburg nach bestimmten Obstsorten durchforsten. Wusstest du, dass du rund um Eberswalde Sanddorn pflücken kannst? Bei Fürstenberg gibt es eine Allee aus Kirschbäumen, deren weiße Pracht im Frühling eine wahre Freude ist. Du kannst auf eigene Faust losziehen und die Streuobstwiesen Brandenburgs kennenlernen. Als Mundraub-Mitglied kannst du aber auch an gemeinsamen Ernte- und Pflanzaktionen, Baumschnittkursen sowie Entdeckungstouren teilnehmen. Auf diese Weise wird dein Engagement in der Community nicht nur mit leckerem Obst, Beeren und Kräutern belohnt. Gleichzeitig leistest du einen wichtigen Beitrag für den Erhalt und die Pflege der Streuobstwiesen. Denn: Werden die traditionellen Kulturlandschaften sich selbst überlassen – sprich nicht sachgerecht beschnitten und abgeerntet – und erfolgt auch kein Nachpflanzen alter Obstsorten, sind die Tage der Streuobstwiesen bald gezählt. Wie bedroht die Bestände tatsächlich sind, weiß Andreas Piela von der Abteilung Arten- und Biotopschutz des Ministeriums für Ländliche Entwicklung, Umwelt und Landwirtschaft: „Anzahl und Fläche der Streuobstwiesen sind den letzten 25 Jahren deutlich zurückgegangen. Zu befürchten ist", so Piela, „dass sich die Bestände seit der Wiedervereinigung halbiert haben." Gründe sind die mangelnde Erhaltung der Baumbestände und umfangreiche Bauprojekte im ländlichen Raum und in Ortsrandlagen. Dies führt dazu, dass nicht nur unsere wertvollen Obstvorräte bedroht sind. Auch die Heimat von geschätzt 5.000 Tier- und Pflanzenarten ist in Gefahr. Leider ist ein Umkehren dieses Prozesses fast aussichtslos. Zwar fördert die Landesregierung die Pflege und den Erhalt der Streuobstbestände mit jährlich 150.000 €. Wird das viele Obst jedoch nicht in regionale Wirtschaftskreisläufe eingebunden, werden also keine wirtschaftlichen Anreize für den Erhalt der Streuobstwiesen geschaffen, dezimiert sich der Bestand in den kommenden Jahren weiter. Du wirst mit deinen Ernteeinsätzen die Streuobstbestände also nicht von heute auf morgen retten können. Aber du gehst mit gutem Beispiel voran und trägst damit zu einem dringend notwendigen Mentalitätswechsel im Umgang mit Brandenburgs Kulturlandschaften bei.

Zurück zum Obst. Denn um zu ernten, musst du dich natürlich vorab informieren, welche Obst- und Beerensorten wann reif sind. Dazu nimmst du am besten einen Obstkalender zur Hand und planst deinen Ernteeinsatz generalstabsmäßig durch. Kirschen eröffnen die Obstsaison in Brandenburg. Während die Kirschblüte in der Regel im April ihre Pracht zeigt, kann bereits ab Mai geerntet werden. Heidelbeeren, Blaubeeren, Himbeeren und Johannisbeeren sind ab Juni erntereif. Aprikosen, Pflaumen und Mirabellen folgen im Juli. August bis Oktober, mitunter auch November ist die Erntezeit von Äpfeln und Birnen. Auch Quitten lassen sich im November noch ernten. Wenn du ordentlich gesammelt hast, stellt sich natürlich die Frage, wohin mit der ganzen gesunden Kost? Wer einmal dem Erntefieber verfallen ist, steht am Ende des Tages mit mehr Obst da, als er essen kann. Gut, dass es in solch einem Fall Obstmostereien gibt. Hier kannst du dein Obst zu Saft pressen lassen. Eine Übersicht über regionale Obstmostereien findest du auch auf mundraub.org.

EINTRITT/KOSTEN:
kein Eintritt

LINKS:
Mundraub: www.mundraub.org

MIT ANPACKEN UND DRECKIG MACHEN

2

LETSCHIN/ORTWIG
WERKELN AN DER DRECHSELBANK

Ist das Werkzeug geschärft und das Holz in die Drechselbank eingespannt? Sitzt die Schutzbrille fest auf der Nase und ist deine Hand ganz ruhig? Dann lass die Späne fliegen! In den Drechelkursen von Christian Masche lernst du nicht nur die Grundlagen dieser traditionellen Holzbearbeitung kennen, sondern du bist nach getaner Arbeit auch stolzer Besitzer eines kleinen, hölzernen Kunstwerks.

„Jeder kann Drechseln lernen", erklärt Christian Masche in seiner Werkstatt in Ortwig, einem Ortsteil von Letschin im Oderbruch. „Lediglich etwas handwerkliches Geschick, ein wenig technisches Verständnis und räumliches Denkvermögen sind nötig, um aus Holzscheiten kleine Kunstwerke zu erschaffen." Dafür ist man weder zu jung noch zu alt. Bereits Kinder ab 10 Jahren können sich bei Christian Masche an der Drechselbank ausprobieren. Der älteste Teilnehmer war über 80. Egal ob jung oder alt, die Philosophie bleibt die gleiche: „Die Teilnehmer sollen aus dem Kurs mitnehmen, dass schöne Dinge mit relativ einfachen Mitteln gestaltet werden können." Je nach Kurs stellen die Teilnehmer eigene Werkstücke, wie handgemachte Kreisel, Obstschalen oder sogar Pfeffermühlen fertig und können diese natürlich mit nach Hause nehmen. Am wichtigsten ist Christian Masche jedoch, dass die Hobby-Drechsler ein Gefühl für die Holzbearbeitung und eine Wertschätzung für das Handwerk bekommen. Um mit eigener Schaffenskraft aus einem groben Holzklotz grazile, mit Fingerspitzengefühl geformte Andenken herzustellen, benötigt es neben etwas handwerklichem Ge-

MIT ANPACKEN UND DRECKIG MACHEN

schick vor allem Zeit. Allein der Schnupperkurs in Christian Masches Werkstatt dauert 6 Stunden. Dies soll ein lockerer Einstieg in das Drechslerhandwerk sein und neugierig machen. Hier erfährst du die wesentlichsten Grundbegriffe, lernst Maschinen und erste Werkzeuge kennen und stellst auch schon ein erstes Werkstück her. Meist ist dies ein Spiel aus Holz.

Du wirst das Längsholzdrechseln kennen lernen. Dabei dreht sich das Holz in der Drechselbank längs zur Faserrichtung des Holzes. Dann führst du dein Drechseleisen so gegen das Holz, dass die gewünschte Form geschnitten wird. Du wirst staunen, mit wie wenig Kraft Holz bearbeitet werden kann. Dabei ist nicht entscheidend, wie schnell sich das Holz in der Drechselbank dreht. „Wichtiger", so Christian Masche, „ist die Schärfe und die richtige Führung der Werkzeuge".

Was braucht es noch, um das Handwerk zu erlernen? Interesse am Handwerk und eine ruhige Hand", erklärt Christian Masche. Auch Auge und Ohr helfen das schneidende Werkzeug richtig zu führen. Selbst der Geruchssinn wird beim Drechseln angesprochen. In der Werkstatt liegt nicht nur das Aroma von trockenem oder frisch bearbeitetem Holz in der Luft. Auch ätherische Öle und Wachse, die für die abschließende Oberflächenbehandlung wichtig sind, verbreiten ihren Duft. „Drechseln ist eben ein Handwerk für alle Sinne", so Christian Masche. Am Ende des Tages hast du es geschafft und du hältst ein selbst gedrechseltes Unikat − z. B. einen Spielzeugkreisel − in den Händen.

Möchtest du noch tiefer in die hölzerne Materie eindringen, bist du im 2-tägigen Grundkurs bestens aufgehoben. Hier kannst du deine Drechseltechniken verfeinern und dein Wissen bei der Herstellung von Flaschenöffnern, Honiglöffeln oder Teelichthaltern direkt anwenden. In weiteren Aufbaukursen lernst du, wie Meißel und Co. richtig geschärft werden. Oder du drechselst aus frischen Laubhölzern verschiedenste Hohlformen, lichtdurchlässige Windlichter und Schalen. Auch die Aufbaukurse dauern jeweils 2 Tage. Du siehst, ein Meister ist noch nicht vom Himmel gefallen. Bis du die hohe

Kunst des Drechselns erlernt hast, braucht es Geduld und viel Übung. Willst du gar kein Meister werden, sondern möchtest einfach nur ein schönes Werkstück mit nach Hause nehmen, sind die Erlebnisworkshops genau das Richtige. Hier nimmt sich Christian Masche nur für dich Zeit und gestaltet mit dir zusammen in 3 Stunden eine Schale, ein Windlicht oder eine Pfeffermühle.

Egal ob Schnupper-, Grund- oder Aufbaukurs: Christian Masche steht dir stets mit Rat und Tat zur Seite. Wichtig ist dem Designer und Künstler, der seit 2008 die Drechslerkurse im Oderbruch anbietet, dass die Gruppen klein sind und er jeden Teilnehmer individuell beraten und notfalls unter die Arme greifen kann. Maximal 3 Teilnehmer nehmen an einem Kurs teil. Es ist also genug Holz für alle da...

ANREISE:
Christian Masche
Finest Wood
Ortwiger Hauptstr. 19, 15324 Letschin, OT Ortwig

Mit öffentlichen Verkehrsmitteln nur schwer zu erreichen.

EINTRITT/KOSTEN:
Schnupperkurs: 150 € (1 Tag, 10-17 Uhr)
Grundkurs: 540 € (2 Tage, jeweils 9-18 Uhr)
Aufbaukurse: 540 € (2 Tage, jeweils 9-18 Uhr)
Erlebnisworkshop ab 190 € (3 Stunden)

LINKS:
Finest Wood: www.christian-masche.de

MIT ANPACKEN UND DRECKIG MACHEN

TELTOW/RUHLSDORF

AUF TUCHFÜHLUNG MIT BIENE MAJA – IMKERN IN BRANDENBURG

Wenn der Frühling Einzug hält und sich die Kelche aus den Blüten recken, dann ist sie immer mehr in unseren heimischen Gärten und in der Landwirtschaft anzutreffen: die Honigbiene. Emsig fliegt sie von Blume zu Blume, bestäubt ihre Blüten und produziert Honig. Ohne sie wären nicht nur die Landschaften grau, sondern auch die Regale in den Supermärkten leer. Grund genug, den Bienen in ihrer täglichen Arbeit unter die sechs Arme zu greifen. In Tagesseminaren bietet der Landesverband Brandenburgischer Imker Interessierten die Möglichkeit, das Imker-Handwerk selbst auszuprobieren und auf Tuchfühlung mit den nützlichen Insekten zu gehen.

Man glaubt es kaum: Die Biene ist neben Rind und Schwein das wichtigste Nutztier in der Landwirtschaft. Und das nicht etwa wegen des leckeren Honigs. Auf der Suche nach süßem Nektar tragen sie Pollen von Blüte zu Blüte — und bestäuben so etwa 80% unserer Nutz- und Wildpflanzen. Ohne ihr emsiges Sammeln und Bestäuben würden Pflanzen keine Früchte tragen und das gesamte Ökosystem geriete schon bald durcheinander. Apokalyptiker sagen sogar: Stirbt die Biene, hört das Leben auf der Erde auf. Ganz soweit sind wir noch nicht, aber in den letzten Jahren gab es dramatische Nachrichten: So kämpfen nach einem massiven Bienensterben, bei dem deutschlandweit jeder vierte Bienenstock zugrunde ging, auch Brandenburgs Imker um das Überleben ihrer Schützlinge. Pestizide, Monokulturen und

MIT ANPACKEN UND DRECKIG MACHEN

Diesel-Abgase schwächen die Bienen und lassen sie anfällig werden für Krankheiten und Parasiten.

Grund genug, sich mit dem fleißigen Insekt einmal genauer auseinanderzusetzen und in das Imkern hineinzuschnuppern. Wir haben uns gefragt, was es wohl braucht, um selbst das Imker-Handwerk zu erlernen? „Einerseits nicht viel", so Lothar Lucke, Vorsitzender des Landesverbandes Brandenburgischer Imker. Jeder kann das Imkern erlernen. „Andersseits", fährt der erfahrene Imker fort, „braucht es jedoch eine ganze Menge: Nämlich die Liebe zur Natur, Geduld und Ausdauer." Wie wahr! Denn eines wird dir auf jeden Fall auffallen, wenn du einen Imker oder eine Imkerin bei der Arbeit beobachtest: die unglaubliche Ruhe. Offenbar bringt einen das quirlige Bienenvolk dazu, ruhig und konzentriert zu agieren. Denn von einem Schwarm Bienen gestochen zu werden, möchte man ja nun wahrlich nicht riskieren. Die Arbeit mit den Bienen beruhigt also, löst zudem Anspannungen und Stress und hat somit sogar gesundheitsfördernde Auswirkungen. Vom Nutzen für die Natur ganz zu schweigen. Und nicht zu vergessen: der Honig. Pflegst und umhegst du dein Bienenvolk – je nach Jahreszeit besteht so ein Volk aus 6.000 bis 60.000 Bienen – springen 25 bis 30 kg Honig für dich raus. Umgerechnet etwa 100 Gläser Honig. Keine schlechte Ausbeute. Vielleicht sollten wir alle so einen summenden Bienenstock im Garten oder auf dem Dach als Haustiere halten?

„Grundsätzlich ist das möglich. Aber von der Bienenzucht auf dem Balkon würde ich abraten", empfiehlt Lothar Lucke. „Zwar passen sich die Bienen schnell an, aber Ärger mit den Nachbarn ist da vorprogrammiert." Besser ist es also, den Bienenstock im eigenen Garten aufstellen. Einsteigern empfiehlt Lothar Lucke, mit 2-3 Bienenvölkern anzufangen. Er selbst hat über 50 Völker.

Wenn dein Interesse geweckt ist, solltest du als erstes einen Schnupperkurs des Landesverband der Brandenburgischen Imker absolvieren. Diese finden etwa 3 bis 4 Mal im Jahr in Ruhlsdorf, einem Ortsteil von Teltow im Landkreis Potsdam-Mittelmark statt. Grundwissen oder spezielle Voraussetzungen sind nicht von Nöten. Diese Schnupperkurse vermitteln das Wichtigste in kurzer Zeit. Die Kurse dauern zwischen 4-6 Stunden. Auf dem Stundenplan stehen neben allgemeiner Bienenkunde eine Einweisung in die wichtigsten Imker-Gerätschaften, die verschiedenen Beutentypen – gemeint sind die Behausungen für die Bienen – sowie rechtliche Hinweise.

Besteht anschließend immer noch Interesse, solltest du über den Eintritt in einen Imkerverein in deiner Region nachdenken. Brauchst du Tipps bei der Beschaffung von Material und Bienen, steht Lothar Locke mit Rat und Tat zur Seite. Last but not least: Schutzmaßnahmen sind ebenso Bestandteil der Einführungskurse. Denn obwohl Bienen im Gegensatz zu Wespen nicht aggressiv sind, lässt sich der ein oder andere Stich nicht vermeiden. Hast du eine Bienenstichallergie, lässt du das Imkern lieber bleiben. Für alle anderen kann das Imkern zu einem abwechslungsreichen, wenn auch zeitintensiven, nicht zuletzt aber naturbewussten Hobby werden.

Und noch einen Tipp hat Lothar Lucke parat: „Beim Schnupperkurs einfach mal stechen lassen. Das nimmt die Angst und räumt mit dem Mythos auf, Bienenstiche seien gefährlich. Wespenstiche sind viel ärgerlicher". Ist das auch geklärt.

MIT ANPACKEN UND DRECKIG MACHEN

ANREISE:
Landesverband Brandenburgischer Imker e. V.
Dorfstr. 1, 14513 Teltow, OT Ruhlsdorf

mit der Bahn: RE4 bis Teltow Hbf, anschließend umsteigen in Bus X1 bis Warthestraße. Dannach umsteigen in Bus 621 bis Teltow, OT Ruhlsdorf.

EINTRITT/KOSTEN:
Imker-Schnupperkurs: 10 €

LINKS:
Landesverband Brandenburgischer Imker e. V.:
www.imker-brandenburgs.de

WAS MIT KULTUR UND GESCHICHTE

Brandenburgs Geschichte hat mehr zu bieten als nur Preußen, Friedrich den Großen und Sanssouci. Reise weit in die Vergangenheit zurück und erfahre wandernd, warum Brandenburgs Landschaft so aussieht wie sie aussieht. Wusstest du, dass Brandenburg einst Hotspot der Lebensreformbewegung Anfang des 20. Jahrhunderts war? Auch Zeugen von Diktatur und Krieg findest du allerorten.

4

ZIETHEN

EINE WANDERUNG DURCH DIE EISZEITLANDSCHAFT

Wenn du mehr über die Natur Brandenburgs erfahren möchtest, wenn du verstehen willst, warum die Landschaft mit ihren vielen Seen, markanten Höhenrücken, imposanten Findlingen und urigen Mooren so aussieht, wie sie aussieht, dann musst du in die Vergangenheit reisen. Denn vor über 10.000 Jahren lag eine dicke Eisschicht über Brandenburg. Das Vordringen und Schmelzen dieser Eisschicht formte die einzigartige Landschaft, die du heute kennst. Was genau damals geschah, lernst du im „GeoPark Eiszeitland am Oderrand".

Am Anfang wartet auf dich Georg, das Mammut – es ist das Maskottchen des „GeoParks Eiszeitland am Oderrand", der einem hier in der Gegend immer mal wieder auf Infotafeln begegnet. Alles bei deiner Tour durch den GeoPark hat etwas mit der Eiszeit zu tun – und du lernst viel über die Landschaftsgeschichte Brandenburgs. Die Landschaften sind schließlich keine Zufallsergebnisse, sondern alles lässt sich auf das Vordringen und Wegschmelzen der Gletscher der Weichselkaltzeit vor zehntausenden Jahren zurückführen.

Die Eiszeit hat Seen, Hügel und Findlinge zurückgelassen. An diesen Artefakten wie auch den Schichten in der Erde kann die Geo-Geschichte ganz genau nachvollzogen werden. Aber auch wer kein Mammut- und Eiszeitfan ist, wird die Landschaft und den Grumsiner Forst sehr genießen. Reine Buchenwälder gibt es nur noch wenige – deshalb nahm die UNESCO die alten Buchenwaldbestände in Deutschland 2011 in die Weltnaturerbeliste auf. Schon seit 20 Jahren wird der

WAS MIT KULTUR UND GESCHICHTE

Grumsiner Forst nicht mehr bewirtschaftet. So findest du im Wald neben mächtigen Buchen auch umgestürzte Bäume und Totholz - beste Bedingungen also für die Entstehung eines neuen Urwaldes. Es gibt also einiges zu entdecken bei deiner Wanderung durch die Eiszeitlandschaft Brandenburgs.
Vom Parkplatz läufst du geradeaus weiter den markierten Weg, der auf die Sperlingsherberge (ein Weg) führt. An der ersten Gabelung nimmst du den rechten Abzweig geradewegs in den in einer Vertiefung liegenden Grumsiner Wald. Auch hier hat die Eiszeit ihre Spuren hinterlassen. Davon zeugen die vielen Senken, die häufig mit Wasser gefüllt sind. So haben sich mancherorts Seen, kleine Kesselmoore und Sümpfe gebildet. Du folgst der gelben und roten Wegmarkierung bis zum Abzweig, wo es links nach Grumsin geht (rechts liegt ein Totalreservat, das nicht betreten werden darf). Dorthin geht dein Weg (gelbe Markierung) weiter bis du zum Forsthaus Grumsin kommst. Am Forsthaus den Wegweisern nach Ziethen scharf links folgen. Nach ca. 4 km kommst du an einem Areal mit dem seltsamen Namen Blockpackung Sperlingsherberge vorbei. Dahinter verbirgt sich eine Art eiszeitliches Schaufenster: Es ist Fund- und Anschauungsstätte zur eiszeitlichen Gestaltung der Region; in der ehemaligen Steingrube sind die in den Endmoränen abgelagerten Gesteinsmassen durch den ehemaligen Steinabbau sichtbar, so dass eiszeitliche Hinterlassenschaften erfahrbar sind. Das sieht wie ein Schnitt durch die Landschaft aus. Die Stelle ist als „Erlebnisort" konzipiert mit Findlingssonnenuhr, Reliefbogen, Steinschlägerplatz etc. Hier kannst du eine Pause machen, eh du an der kleinen Wohnsiedlung Sperlingsherberge vorbei zurück zum Parkplatz läufst. Zurück am Ausgangspunkt der Tour empfiehlt sich − falls du noch Kraft hast und aufnahmefähig bist − ein Besuch in der „Historischen Dampfmühle", die als Besucher- und Informationszentrum des Geoparks dient und die Ausstellung „Erfahrung Eiszeit" zeigt. Auf insgesamt 3 Etagen kannst du hier alles Wissenswerte über die Entstehung der Brandenburger Landschaft erfahren. Dabei setzen die Aussteller nicht auf schnöde Infotafeln, son-

dern lassen die letzte Eiszeit mit interaktiver Technik und schönen Modellen wieder aufleben. Besonders interessant ist etwa der Nachbau eines Gletschertunnels. Um die Kraft des Eises noch erlebbarer zu machen, ist das Grollen und Knacken des Gletschers auch akkustisch wahrnehmbar. Dafür wurden Tonaufnahmen von aktiven Gletschern in den Nachbau integriert. Ebenso beeindruckend ist der Mammutbackenzahn, eine Dauerleihgabe des Binnenschifffahrtsmuseums in Oderberg. Wirkung und Hinterlassenschaften der Eiszeit(en) werden ebenso in einer eigens eingerichteten Kinoecke beleuchtet. Auch über die riesigen Findling kannst du in der Ausstellung mehr erfahren: Wie sind diese entstanden? Welche Strecke haben sie auf ihrem Weg nach Brandenburg auf dem Buckel? In manchen Findlingen sind sogar noch Pflanzen und Tiere eingeschlossen. Am beeindruckendsten ist und bleibt aber das Modell von Mammut Georg, der vor 15.000 Jahren wahrscheinlich an genau dieser Stelle seine Runden durch das eisige Brandenburg zog.

ANREISE:
Besucher- und Informationszentrum GeoPark
Eiszeitland am Oderrand
Zur Mühle 51, 16247 Ziethen, OT Groß-Ziethen

Mit der Bahn: RE3/RE66/RB66 nach Angermünde, anschließend umsteigen in RB63 nach Joachimsthal. Von dort weiter mit dem Bus 920 (Haltestelle: Groß-Ziethen, Dorf). Dann noch ca. 2,5 km bis zum Wald.

EINTRITT/KOSTEN:
Eintritt Besucherzentrum: 3 € (Erwachsene), 2 € (Kinder zwischen 6-16 Jahren)

LINKS:
GeoPark Eiszeitland: www.geopark-eiszeitland.de
Weltnaturerbe Buchenwald Grumsin e. V.:
www.weltnaturerbe-grumsin.de

WAS MIT KULTUR UND GESCHICHTE

5

BOGENSEE UND PRENDEN

GOEBBELS LIEBSCHAFTEN UND HONECKERS BUNKER

Zugegeben: Es ist schon eine etwas gewagte Mischung, in einer Tour Nazi-Geschichte und DDR-Untergang zusammenzubringen, aber das Schicksal wollte es, dass zwei besondere Spots fast an einem Ort zu finden sind: Der Landsitz „Bogensee", den NS-Propagandaminister Goebbels für seine außerehelichen Affären nutzte, und die verlassene Bunkerstadt bei Prenden, in der Erich Honecker und der Nationale Verteidigungsrat der DDR im Krisenfall Zuflucht gesucht hätten.

Wir starten am Landhaus Bogensee, einem heute verlassenen Haus in strenger 30er-Jahre-Architektur. Bogensee war der Landsitz von Joseph Goebbels, einer der wichtigsten NSDAP-Politiker, Vertrauter Hitlers, Vater von sechs Kindern und verheiratet mit Magda Goebbels – beide waren das Vorzeigepaar der Diktatur. Die Idylle war trügerisch, denn der sogenannte „Bock vom Babelsberg" hatte zahlreiche außereheliche Affären. Goebbels nutzte Bogensee als Liebesnest. „Ein Idyll der Einsamkeit", schrieb er am 3. November 1936 in sein Tagebuch, „Es ist so still und verlassen hier. Man kann denken, arbeiten, in Ruhe lesen, keine Telephonanrufe und Briefe, ganz sich selbst überlassen."

Das bot den Freiraum für Eskapaden mit allerlei Filmsternchen, die hier reihenweise vernascht worden sein sollen. Die Erotik der Macht zog diese Damen wohl an, Aussichten auf Filmrollen bei der Ufa in Babelsberg machten gefügig und ließen die Erscheinung Goebbels wohl vergessen: ein hageres Männlein mit schmalen Lippen, Aknenarben und hinkendem Bein – er war alles andere als das Idealbild des „Ariers", und doch brüllte er bei seinen bekannten Propagandareden diese Ideale immer wieder in die Welt hinaus.

Wenn man um das Haus herumschleicht, wundert man sich über den schlichten Stil: zurückgenommen, sachlich und fast bescheiden – trotz der 30 Privatzimmer inklusive Filmsaal und zahlreichen Dienstzimmern. Es hat interessante Bungalow-Elemente mit den riesigen Fensterfronten nach hinten raus. Durch das Satteldach wirkt alles aber auch spießig und deutsch.

Nach Goebbels kamen die Sowjets, das Gelände wurde als Lazarett und schließlich als FDJ-Jugendhochschule genutzt. Ab den frühen 1950er-Jahren entstanden dann das große Lektionsgebäude und die Sportanlagen drumherum. Heute stehen alle Gebäude leer. Sie gehören dem Land Berlin, das bislang keine neuen Käufer und Nutzer gefunden hat.

Wenn man sich das Gelände genau anschauen will, braucht man rund 2 Stunden. Danach geht's weiter zum Bogensee, im Sommer kann man dort hervorragend schwimmen, und läuft weiter Richtung Prenden zum zweiten Spot unserer Tagestour: dem sogenannten Honecker-Bunker mitten in der Prendener Heide zwischen Bogensee und dem Ort Prenden.

Anders als das Goebbels-Areal, das sehr zugänglich ist, sind die Bunkeranlagen heute in Privatbesitz und verrammelt und verschlossen. Am Haupteingang zum Areal, von Prenden kommend, finden sich Schilder, die erahnen lassen: Da meint es jemand ernst damit, dass das Betreten verboten ist. Aber wenn wir vom Bogensee zu der geheimnisvollen Bunkerstadt laufen, ca. 30 Minuten, führt der Weg geradezu auf das Gelände und eine Stelle, die nicht mit Stacheldrahtzaun, Mauern, Toren und Hinweisschildern versehen ist. Wir laufen einfach weiter, fasziniert von diesem offensichtlich verlassenen Gelände. Auf den ersten Blick wirkt alles wie ein heruntergekommenes Gewerbegelände mit Gebäuden, die aufgrund ihrer Architektur deutlich auf die DDR-Zeit verweisen.

Zu DDR-Zeiten wäre man nicht mal in die Nähe dieses Geländes gelangt: Das gesamte Gelände galt als das am besten gesicherte militärische Schutzbauwerk der DDR. Hier verrichteten 300 Wachsoldaten sowie 40 Bunker-Mitarbeiter ihren Dienst. 1978 bis 1983 unter dem Namen Bunker 5001 errichtet, hätte die „Ausweichführungsstelle (AFüSt)" Erich Honecker und dem Nationalen Verteidigungsrat der DDR im Kriegsfall Zuflucht geboten. Das Objekt war rund um die Uhr mit einer Minimal-Mannschaft besetzt und wäre innerhalb kürzester Zeit einsatzfähig gewesen. Das Bauwerk bot für bis zu 400 Personen Platz, fast wie eine Kleinstadt unter Tage. Die Bunkeranlagen befinden sich 5 m unter der Erde und gehen in bis zu 24 m Tiefe. Alles war darauf angelegt, 14 Tage lang abgeschottet von der Außenwelt regieren zu können. Sogar einen Atomschlag hätte man in dem Bunker überlebt, der auf Stahlseilen aufgehängt und mit Stoßdämpfern ausgestattet war. Fasziniert von diesen Gedanken laufen wir über das Gelände – bis ein sehr unfreundlicher Mann in einem heruntergekommenen Lieferwagen vorfährt und zum Verlassen des Areals auffordert. Unmissverständlich. So unmissverständlich, dass man bei dieser Erscheinung nichts Gutes vermutet. So bleibt uns der Blick von außen, im Netz gibt es jedoch eine hervorragende Dokumentation eines engagierten Vereins: www.bunker5001.com.

ANREISE:
Platz der Freundschaft 1, 16348 Wandlitz

Mit der Bahn: RE3 bis Bernau Bhf, anschließend umsteigen in Bus 909 bis Ützdorf (Richtung Wandlitz via Biesenthal), dann noch 20 Min. zu Fuß bis Bogensee.

EINTRITT/KOSTEN:
kein Eintritt

LINKS:
Bunker 5001 e.V.: www.bunker5001.com
Tourismusverein Naturpark Barnim: www.barnim-tourismus.de

6

1941
1945
ВЕЧНАЯ СЛАВА ГЕРОЯМ
ПАВШИМ В БОЯХ
С ФАШИСТСКИМИ
ЗАХВАТЧИКАМИ
ЗА СВОБОДУ И
НЕЗАВИСИМОСТЬ

SEELOWER HÖHEN

BRANDENBURGS SCHLACHTFELDER UND WIE WIR UNS AN KRIEG ERINNERN

Die Erinnerungen an Kriege verblassen. Dabei sollten wir uns heute vielleicht gerade wieder darauf besinnen, welche fatalen Folgen Nationalismus und Krieg haben können. Überall in der Landschaft begegnen uns Spuren von Kriegen, am deutlichsten die des Zweiten Weltkriegs. Einer der wichtigsten Erinnerungsorte des Landes sind die Seelower Höhen – hier befindet sich eine ganze Erinnerungslandschaft inklusive Museum.

Die Seelower Höhen haben eine zentrale Bedeutung für die Geschichte des Zweiten Weltkriegs. Rund 100.000 Soldaten von deutscher und russischer Seite starben an dieser letzten Verteidigungslinie kurz vor Berlin. Mit der Schlacht um die Seelower Höhen (auch „Schlacht an der Oder") begann ab Januar 1945 die Einnahme Berlins durch die Rote Armee. Die Niederlage der Wehrmacht und das Ende des Nationalsozialismus waren damit besiegelt.

Die Historisierung – und Inszenierung – des Schlachtfeldes begann umgehend: Im Mai ließ Rote-Armee-Marschall Shukow Monumente entlang der Strecke von Seelow bis nach Berlin-Tiergarten errichten – Symbole des Vormarsches der Roten Armee. Am 27. November 1945 fand in Seelow die Einweihung des Gedenkkomplexes statt, bestehend aus dem Denkmal und einer Kriegsgräberstätte.

Die Gedenkstätte samt später errichtetem Museum existiert bis in die Gegenwart, die Ausstellung ist heute multimedial aufbereitet und sehr empfehlenswert. Spannender ist jedoch die Frage: Was erzählt uns dieser gesamte Komplex über Ge-

WAS MIT KULTUR UND GESCHICHTE

schichte? Es sind weniger einzelne Spuren, Zahlen und Fakten als die gesamte Landschaft und wie in dieser Landschaft Erinnerung gepflegt und provoziert wird. Dabei sind verschiedene Schichten zu sezieren: Angefangen von den realgeschichtlichen Überresten, der Inszenierung des Siegs über Nazideutschland durch die Sowjets, über die Pflege des antifaschistischen Erbes in der DDR bis hin zur Nachwendeerzählung.

Beobachtet man die Menschen, die als Besucher hierherkommen, stellt man schnell fest, dass Erinnerung etwas sehr individuelles ist. Es gibt Weltkriegsfaszinierte, die „Schlachtentouristen", die sich an den Details des Stellungskriegs ergötzen. Auch Zeitzeugen der Schlacht erkennt man sofort, wenn sie hier mit betroffenem Gesichtsausdruck zurückkehren an den Ort, den sie glücklicherweise lebend verlassen konnten. Manche Jugendliche stehen wiederum gelangweilt herum. Jede Generation entwickelt ihre eigenen Fragen.

Die Menschen reagieren auf den Ort, der Ort und die Erinnerung an Krieg macht etwas mit den Menschen. Und man kann sich selbst fragen, was einem das Erinnern an die größte Schlacht am Ende des Zweiten Weltkriegs heute bedeuten kann. Was bedeutet es, wenn wir uns die Zehntausenden jungen Männer auf beiden Seiten vorstellen, die gekämpft und gestorben sind? Die meisten um die 20. Stellt euch vor, wie sie sich von Familie und Freunden verabschiedet haben. Das Leben hätte ihnen besseres schenken können. Dennoch waren sie nicht nur bloße Handlanger und Ausführende ihrer Ideologen. Dem Befehl folgte auch eine Bereitschaft.

Es ist überhaupt nicht pathetisch, sich an den Kriegsgräbern und den zahlreichen Gedenksteinen in der Umgebung immer wieder ganz konkret vorzustellen, was diesen „Gefallenen" kurz vor ihrem Tod durch den Kopf ging, woher sie kamen, was sie geprägt hat, was sie liebten und wie sie zum Feind standen. Erinnerungskultur hat etwas mit Empathie zu tun. In Seelow kann man das praktizieren. Nicht als Bußgang, aber als traurige Vergewisserung, wie zerstörerisch wir handeln können. Die

Seelower Höhen mögen überall als „das größte Schlachtfeld am Ende des Zweiten Weltkriegs" beworben werden. Es ist vor allem anderen eine Landschaft der Trauer.

Diese Landschaft zu lesen, hilft auch ein neu gegründeter Verein, dessen Initiatoren Wanderungen und Führungen anbieten: www.histograf.de.

Wer auf eigene Faust erkunden will: Startet im Museum, schaut euch dann die Außenanlage an und wandert danach zum Krugberg, auf dem ein Friedenswald gepflanzt wurde (Richtung Werbig laufen, von der Werbiger Straße geht der Weg „Zum Friedenswald" ab). Von hier habt ihr einen guten Ausblick auf die Landschaft und bekommt ein Gefühl für die strategische Bedeutung des Höhenzugs. Auf dem Berg finden heute Begegnungen und Austauschprojekte statt, Künstler stellen öffentliche Kunst aus.

ANREISE:
Gedenkstätte und Museum Seelower Höhen
Küstriner Str. 28a, 15306 Seelow

Mit der Bahn: RE1 bis Frankfurt (Oder). Dann weiter mit RB60 nach Seelow (Mark), anschließend 3 Min. zu Fuß zur Gedenkstätte.

EINTRITT/KOSTEN:
Eintritt Museum: 4 €
Schlachtfeldführung Histograf: 35 €

LINKS:
Gedenkstätte: www.gedenkstaette-seelower-hoehen.de
Histograf: www.histograf.de

WAS MIT KULTUR UND GESCHICHTE

SAUEN

EIN WALD UND DIE LEBENSREFORMBEWEGUNG IN BRANDENBURG

Sauen zaubert schon beim Lesen des Ortsnamens ein Lächeln ins Gesicht. Wie kann denn irgendwas so heißen? Kann es. Denn dieser Ort im Südosten Berlins ist unser Ausgangspunkt, um ein sehr großes Thema anzugehen: Die Reformbewegungen nach 1900 in Brandenburg. Auf der Suche nach „Schönheit" und „Gesundheit" sowie nach Antworten auf die Fragen der Industriegesellschaft findet sich der Berliner Charité-Professor August Bier auf dem Landgut Sauen wieder. Er wagte ein beachtliches Experiment...

Licht, Luft, Wasser, Diät, Nacktheit, Bewegung – Schlagworte einer neuen Bewegung um 1900. Der Bezug zur Natur in einer Zeit der Hochindustrialisierung sollte die Selbstheilungskräfte des Organismus anregen und ihn wieder ins Gleichgewicht setzen. Zur gleichen Zeit kam der Vegetarismus (lat. Vegetus = gesund) als Teil einer Ernährungsreform auf, die die Zivilisationskost der Industriegesellschaft verachtete. In der Jugendbewegung wiederum sollten Ideen von der Rückkehr zu paradiesischen Urzuständen, dem Einklang mit der Natur und der Befreiung von alten Sittlichkeitsnormen praktiziert werden. Es entstanden erste Schriften und Vereine für Natur- und Tierschutz, die Reformpädagogik, die Abstinenzbewegung, Nacktkolonien, Gartenstädte, die ersten biologisch wirtschaftenden Höfe. All das sammelte sich in und rund um Berlin. Berlin-Brandenburg war eines der europäischen Zentren der Lebensreformbewegung dieser Zeit. Nirgendwo sonst entstanden so viele Landkommunen, Reformschulen,

Künstlerkolonien oder Gartenstädte. Brandenburg war – wegen der Nähe zur Hauptstadt – ein großes Labor der Reformer und Wanderprediger, die in der Abkehr von der Industriegesellschaft in ganz unterschiedlichen Ideologien Zuflucht suchten und viele Jünger begeisterten. Das Spektrum reichte von anarchistischen bis hin zu völkischen Gruppierungen.

Die Lebensreformbewegung ist ein Sammelbegriff für vieles, ein dynamisches Projekt mit vielen Akteuren und Aktionen. Vor allem ist es ein kompensatorisches Projekt. Alle Aktionisten einte immerhin ein Gedanke: Wie schafft der Mensch es wieder, seinen ursprünglichen Bezugspunkt herzustellen und in Einklang mit der Natur zu kommen. Oder anders formuliert: Wie entkommt der Großstadtmensch der Trostlosigkeit der Wohnhöhlen und Mietskasernen und der entseelten Arbeit in den Fabriken?

Eine Antwort darauf hieß, zu einem asketischeren Leben zurückzukehren. Askese bedeutet, sich auf das wahrhaft Wichtige zu beschränken. Die meisten Reformer verzichteten auf Luxus, Genussmittel (Alkohol, Nikotin), auf bestimmte Nahrungsmittel (Fleisch, Industrieware), teilweise auf ihre Sesshaftigkeit (Wanderprediger). Einfachheit, Natürlichkeit, Schönheit waren die leitenden Werte.

Es gab keinen Bereich, der nicht seine Reformer fand. Selbst in der Forstwirtschaft regte sich Kritik an der Industriegesellschaft, deren Logik im Wald zu Monokulturen führte. Gerade Brandenburg war beispielhaft für seine einseitige Aufforstung: Man brauchte schnellwachsende Rohstoffe, folglich pflanzte man überall nur noch Kiefern. Und hier kommen wir im großen Bogen nun zu August Bier. Als Leiter der Berliner Universitätsklinik operierte August Bier Prominenz bis hin zu Kaiser Wilhelm II. und Reichspräsident Ebert. Zugleich war er ein entschiedener Verfechter der Homöopathie – und ganz nebenbei ein Pionier des ökologischen Waldbaus. So war es die Erfüllung eines Jugendtraums, als der Chirurg 1912 von den Honoraren seiner reichen Privatpatienten das Waldgut Sauen im Süden Berlins kaufen konnte. Mithilfe aufwendiger Experimente wandelte er die dortige Kiefernsteppe in einen artenreichen Mischwald um. Der Forstwissenschaftler Professor Bergmann notierte: „Er hat Waldränder geschaffen, um den austrocknenden Wind vom Feld fernzuhalten. Er hat gesagt: Der Wald muss verbunden werden. Daran erkennt man den Mediziner. Er hat es geschafft: Wir haben Waldränder, und wir haben dadurch das Klima im Wald verbessert."

In Sauen kann man diesen Mischwald August Biers, der heute von einer Stiftung betreut wird, immer noch erleben. Es gibt im Besucherzentrum einen Audioguide, der bei einer 3-stündigen Wanderung begleitet und an vielen Stationen das Reformkonzept erklärt.

Und wer danach den Reformen Brandenburgs weiter auf den Spuren folgen möchte, sollte die Obstbausiedlung Eden in Oranienburg, die Freiland-Siedlung „Gildenhall" bei Neuruppin, den ersten biologisch-dynamischen Bauernhof „Marienhöhe" in Bad Saarow, den Reformgarten Karl Försters in Bornim sowie das Zentrum der FKK-Bewegung am Motzener See besuchen. Oder die Höhle des Zarathustra im Roten Luch ausfindig machen (siehe nächste Station).

ANREISE:
Papphaus Sauen - Informationszentrum
Zum Anger 10, 15848 Rietz-Neuendorf, OT Sauen.

Mit öffentlichen Verkehrsmitteln nur schwer zu erreichen.

EINTRITT/KOSTEN:
Ausleihgebühr Audioguide: 2,5 € (erhältlich im Papphaus)

LINKS:
Stiftung August Bier: www.stiftung-august-bier.de
Gemeinnützige Obstbau-Siedlung eG: www.eden-eg.de
zu „Gildenhall": www.neuruppin.de
Hofgemeinschaft Marienhöhe: www.hofmarienhoehe.de
Foerster-Stauden: www.foerster-stauden.de

ROTES LUCH

DIE HÖHLE DES ZARATHUSTRA

Nihilisten und Nietzsche-Freunde werden hier ihren Spaß haben: Im Roten Luch, man staune, ließ sich einer der mitreißendsten Wanderprediger seiner Zeit nieder, buddelte sich eine Höhle und versammelte eine Anarcho-Community um sich herum, und das alles bereits in den 1920er-Jahren. Eine Wanderung auf den Spuren eines anarcho-kommunistischen Projekts Mitten in der Pampa von Brandenburg.

Rund 50 km östlich von Berlin liegt das Rote Luch, eine ehemalige Moorlandschaft. Hier gründete der jüdische Frauenarzt Heinrich Goldberg 1921 eine Landkommune, um seine Vision eines neuen Lebens und neuen Menschen umzusetzen. Das war in den 1920er-Jahren gerade en vogue und für manche auch schlichte Notwendigkeit. Es konnte nicht einfach so weiter gehen: Industrialisierung, Entfremdung vom ursprünglichen Leben, enge, dunkle Berliner Hinterhöfe, Armut, Dreck und Krankheiten. Das waren die Bilder, die viele dieser Zeit zu neuen Lebensformen inspirierten. Lebensreform war dabei politisch gar nicht festgelegt: Es gab das gesamte Spektrum an politischen Strömungen in der Reformbewegung, von völkisch bis anarchisch. Goldberg war eindeutig der letzteren Kategorie zuzuordnen. Sein Projekt vor den Toren der Hauptstadt mutete aber selbst für hartgesottenen Zeitgenossen sagen wir: sehr eigenwillig an.

Goldberg und seine Jünger hausten im Roten Luch recht einfach in einer Bretterbude. Zeitgenossen schrieben, es sei „ein Hottentottenkraal aus niederer Ringwand von Torfstücken, Brettern, Stroh mit hohem, rundem Kegeldach aus Binsen und

Schilf, drinnen ein eiserner Ofen, ein Lager aus Laub mit Decken, ein Wandbrett mit Kochgeräten, Handwerkszeug, Lebensmitteln neben der Bretterbude" gewesen. Nebenan hielt Goldberg Hühner und Ziegen, um einigermaßen autonom leben zu können. Diesen Ort nannte Goldberg die „Höhle des Zarathustra". So hatte Nietzsche den Ort benannt, von dem er seinen Helden aus fast gleichnamigem Pamphlet herabsteigen ließ, um den Deutschen den neuen Übermenschen zu predigen. Die Suche nach dem neuen Menschen und einem alternativen, besseren Leben mündeten für Goldberg eben im Roten Luch. Aber die einfachen Lebensbedingungen waren nicht das einzige, was damals verblüffte. Noch viel skandalöser war, dass er freie Liebe praktizierte, bürgerliche Normen und Familienstrukturen lehnte er ab. Man wollte antiautoritär sein, anational, antikirchlich, stand für einen utopischen Sozialismus, Gütergemeinschaft, Nacktkultur und Selbstversorgung. Hier kamen also fast alle großen Schlagworte der damaligen Reformbewegung zusammen. Goldberg formte sie zu seiner eigenen Befreiungstheologie. Seine „Gemeinschaft des freien Menschen" zog vor allem Jugendliche und Arbeitslose an. In eigenen Mitteilungsblättern, die in drei Ausgaben Anfang der 1920er-Jahre erschienen, formulierte Goldberg seine Grundgedanken und schilderte, wie seine Landkommune zu funktionieren hatte. Es sollte, um die Selbstversorgung gewährleisten zu können, ein kleiner Landwirtschaftsbetrieb aufgebaut werden. Um das allerdings zu schaffen, sollten alle Mitglieder erst einmal ihren normalen Berufen nachgehen, um Geld zu besorgen. Eine Konsumptions- und Produktionsgemeinschaft war das Ziel von Goldbergs so benanntem Anarcho-Kommunismus.
1926 scheiterte das Projekt kläglich, auch wenn es immerhin 5 Jahre existiert hatte. Goldberg zog weiter nach Südfrankreich, schließlich in die Karibik, wo er 1933 unter mysteriösen Umständen ermordet wurde. Und obwohl kaum Quellen und Bilder von dem brandenburgischen Experiment geblieben sind: Die „Höhle des Zarathustra" war nicht ohne Folgen.
Im Frühjahr 1926 übernahm Artur Streiter Goldbergs Bretterbuden. Streiter war seit seinem 16. Lebensjahr Mitglied der

Kommune gewesen. Der Grafiker, Schriftsteller, Maler und Anarchist lebte und arbeitete bis 1930 unter primitivsten Umständen im Roten Luch. Er versuchte die Kommune am Leben zu erhalten. 1930 verließ Streiter das Rote Luch und kehrte nach Berlin zurück.

Unweit der Höhle des Zarathustra hatte zudem die Tochter des bekannten Lebensreformers Gusto Gräser 1930 das Anwesen Grünhorst auf der westlichen Seite des Roten Luchs bei Garzau übernommen. Hier lebten bis 1936 mehrere Künstler, Lebensreformer und Aussteiger, die Teil der biosophischen Bewegung waren, die die Einheit mit der Natur und ein von der Zivilisation abgewandtes Leben predigten. Das Rote Luch war damit eine frühe Keimzelle des „grünen Denkens" in Deutschland.

Wo die „Höhle des Zarathustra" genau liegt, kann man heute gar nicht mehr rekonstruieren. Irgendwo zwischen Heidekrug und Waldsieversdorf muss Goldbergs Bretterbude gewesen sein. Überhaupt wirst du Hinterlassenschaften der ehemaligen Anarcho-Community vergeblich suchen. Ein Abstecher ins Rote Luch lohnt trotzdem: Als Teil des Naturparks Märkische Schweiz hat die eiszeitlich geprägte Landschafft ihren Reiz. Auf den Wanderwegen durchs Rote Luch lässt es sich dann auch trefflich diskutieren, wo man selbst wohl am besten die Kommune hätte etablieren wollen...

ANREISE:
Wilhelm-Pieck-Str. 23, 15377 Waldsieversdorf

Mit der Bahn: RB26 nach Rehfelde. Hier startet ein Rundwanderweg durchs Rote Luch.

EINTRITT/KOSTEN:
kein Eintritt

LINKS:
Gemeinde Waldsieversdorf: www.waldsieversdorf.info

FÜR GEIST UND SEELE

Du brauchst eine Auszeit vom Alltag? Anstatt esoterischer Schnickschnacks möchtest du religöse und weltliche Entspannungstechniken ausprobieren? Dann finde deine innere Ruhe im Kloster auf Zeit. Verbringe eine Schweigewoche am dunkelsten Ort Deutschlands. Wandele auf den Spuren der Jakobspilger oder lausche Buddhas Lehren.

AM MELLENSEE

ORA ET LABORA IM KLOSTER ALEXANDERDORF

Jeder hat das bestimmt schon mal erlebt: Du kommst aus dem Urlaub zurück und bist von all den Aktivitäten, dem Reisen, dem Erlebten und den vielen Eindrücken so gestresst, dass du eigentlich erstmal Urlaub bräuchtest. Unser Tipp: Geh doch mal ins Kloster! Was sich erstmal wie ein Witz anhört, ist ein ernstgemeinter Ratschlag. Denn wir wollen nicht, dass du gleich dem Kloster beitrittst. Wir sprechen vom „Kloster auf Zeit". In Deutschland gibt es knapp 300 Klöster, die ihre Pforten für eine bestimmte Zeit auch Gästen von außerhalb öffnen. So auch in der Gemeinde Am Mellensee.

In dem kleinen, südlich von Berlin gelegenen Ort Kummersdorf-Alexanderdorf, in dem etwa 650 Einwohner leben, geht es beschaulich zu. Die umliegenden Seen, Wiesen und Wälder laden ein zu Spaziergängen. Eines nimmt man hier sofort wahr: die Ruhe. Diese wird nur unterbrochen durch das Läuten der Glocke der Abtei St. Gertrud, die entweder zum Gottesdienst einlädt oder eines der Stundengebete ankündigt. Immer wieder weist die Gebetsglocke die benediktinischen Schwestern darauf hin, jetzt alles stehen und liegen zu lassen und in die Kirche zu eilen. Aus der Stille der Abteikirche heraus ertönt ein heller, feiner Klang und durchströmt den ganzen Raum. Die anwesenden Gäste sind eingeladen zum Mitsingen und Mitbeten der gregorianischen Gebetslieder. Viele Menschen, die hier in den Reihen sitzen, wollen mit ihrem Aufenthalt im Kloster genau das: Den Alltag hinter sich

FÜR GEIST UND SEELE

lassen, zur Ruhe kommen und sich einfügen in eine sehr geordnete Welt.

Im Kloster Alexanderdorf leben etwa 30 Schwestern, die ihr ganzes Leben auf Gottes Wort aufbauen und IHN suchen: im Gebet, in der Lesung und in der Arbeit. Ganz im Sinne der benediktinischen Regel „Ora et labora" (Bete und arbeite). Sie sind eine Gemeinschaft, die an einem Ort verwurzelt, und doch immer auf dem Weg ist. Sowohl für Männer als auch Frauen halten die Schwestern ein besonderes Angebot bereit: das Mitleben auf Zeit. Hierbei sind alle am Klosterleben Interessierte willkommen, ganz gleich welcher Konfession oder Glaubensrichtung. Der Zeitrahmen kann individuell vereinbart werden, auch nur ein Wochenende ist okay. Zum Kloster selbst gehören zwei Gästehäuser. Das „St. Josef" ist für Exerzitien, „Stille Tage", geistliche Begleitung und verschiedene Kursangebote gedacht. Das Haus „St. Hildegard" steht Gästen zur Verfügung, die einfach nur Erholung vom Alltag suchen. Der einfache Lebensstil des Klosters, auf den sich die Gäste bewusst einlassen, spiegelt sich in der kargen Ausstattung der insgesamt 20 Zimmer wider: Nur das Notwendigste steht hier. So haben viele Gästezimmer auch keine eigene Nasszelle. Fernab von jeglichem Luxus, sondern ganz einfach und schlicht, kommt man hier im wahrsten Sinne des Wortes auf den Boden und beginnt sehr schnell, mit sich selbst auf eine Reise zu gehen. Man kann durchatmen, die Gedanken ziehen lassen und den Fokus wieder auf das Wesentliche richten. Auf jeden Fall vermitteln die Schwestern ihren Gästen stets das Gefühl, umsorgt zu sein und füreinander da zu sein. Das, was Menschen hier im Kloster erfahren und schätzen, sind aber vor allem die festen Tagesstrukturen, wie Gebets- und Essenszeiten, die dem Einzelnen nicht nur Halt geben, sondern ihn auch aus dem Selbst-entscheiden-müssen entlassen. Die Teilnahme an den Gebetszeiten ist für Gäste nicht verpflichtend, sondern bleibt immer eine Einladung. Zum Mitleben auf Zeit gehört jedoch auch der zweite Punkt der benediktinischen Ordensregel: die Unterstützung der Schwestern bei ihren alltäglichen Arbeiten in Haus und Garten.

Und tatsächlich brauchen die Schwestern tatkräftige Unterstützung. Denn das Kloster Alexanderdorf betreibt neben dem Gastbetrieb auch noch eine hauseigene Hostienbäckerei – und das schon seit über 70 Jahren. Bis heute ist das Backen der Hostien für die Schwestern ein wichtiger Beitrag für das Klosterleben. Nahezu alle katholischen Gemeinden in Ostdeutschland und zunehmend auch evangelische Gemeinden werden durch die Hostienbäckerei beliefert. So können pro Tag bis zu 70.000 Hostien gebacken werden. Unterstützung in anderen Bereichen des Klosterlebens sind daher durchaus gewünscht. Wenn du Interesse an solch einer Erfahrung hast, besuch einfach mal das Kloster und sprich mit den Schwestern. Nimm am Gottesdienst teil oder schau dich im Kloster um. Du wirst schnell selbst merken, ob du am richtigen Ort bist. Und wenn du schon mal in Kummersdorf-Alexanderdorf bist, mach einen Abstecher in die nahegelegenen Naturschutzgebiete. Am besten du wandelst auf dem 5 km langen Klosterrundweg und erkundest die mit Wasserläufen durchzogene Notte-Niederung.

ANREISE:

Kloster Alexanderdorf
Abtei St. Gertrud
Klosterstr. 1, 15838 Am Mellensee

Mit der Bahn: unter der Woche: RE3/RE4 bis Luckenwalde (Richtung Lutherstadt Wittenberg), anschließend umsteigen in Bus 796 bis Alexanderdorf Klosterstraße, Am Mellensee (Richtung Zossen)
Am WE: RE3 bis nach Trebbin, dann weiter mit dem Taxi (10 km).

EINTRITT/KOSTEN:

Einzelzimmer ab 33 €, Doppelzimmer ab 60 €
Kinder bis 5 Jahre frei, Kinder zwischen 6-10 ab 16 €

LINKS:

Kloster Alexanderdorf: www.kloster-alexanderdorf.de

FÜR GEIST UND SEELE

10

GÜLPE

WELTLICHES SCHWEIGEN IM STERNENPARK

Am Rande des Naturschutzgebietes Untere Havel, unweit von Rathenow und Havelberg gelegen, liegt das kleine Fischerdorf Gülpe. Bekannt ist das Dorf für seine sternenklaren Nächte. Doch in Gülpe kommen nicht nur Hobbyastronomen auf ihre Kosten, sondern auch Menschen, die Ruhe und Besinnung suchen. Das rote große Haus am Kirchplatz, der Hof der Stille, lädt Gäste zu einer besonderen Erfahrung ein, für die man ein wenig Zeit mitbringen muss: zu einer Schweigewoche.

Schweigen ist nicht nur Gold. In Zeiten ständiger Erreichbarkeit ist Schweigen Erholung vom Alltag. Aber nicht nur das: Schweigen kann auch ein Weg zu dir selbst sein, denn „erst wenn der Lärm verstummt ist, kommt die innere Stimme zu Gehör", so ein altes Sprichwort. Das wollen wir ausprobieren. Dazu fahren wir nach Gülpe und besuchen Imme de Haen, die im Havelland den „Hof der Stille" führt. Gülpe gilt als einer der dunkelsten Orte in ganz Deutschland. Und das ist mitnichten negativ gemeint. Nur selten gibt es Orte, die eine derart niedrige Lichtverschmutzung aufweisen, dass du nachts mit bloßem Auge die Milchstraße sehen kannst. Diesen einzigartigen Lichtverhältnissen verdankt es Gülpe, Teil des ersten und einzigen Sternenparks in Deutschland zu sein. Und mittendrin befindet sich der „Hof der Stille", ein klassischer havelländischer Vierseitenhof, der im Schatten zweier großer Ulmen liegt. Das rote Backsteinhaus ist über 100 Jahre alt. Der grün gestaltete Innenhof, nicht einsehbar von der Straße aus, ist mit seinen verschwiegene Sitzecken

FÜR GEIST UND SEELE

ein Kleinod der Entschleunigung. Der angrenzende Wald mit Ulmen und Kopfweiden lädt zum Spazierengehen ein und am nahegelegen Ufer des Gülper Sees reicht der Blick auf weite Wiesen und Wälder bis zum Horizont. Kann es einen besseren Ort für eine Schweigewoche geben?

Bevor es zu Missverständnissen kommt: Eine Schweigewoche auf dem Hof der Stille ist kein Urlaub ohne Reden, sondern eine Erfahrung für Geist und Seele. Das bedeutet vor allem, sich auf Stille einzulassen, auf das, was im Innern alles auftaucht, wenn die alltäglichen Ablenkungen, Aufgaben oder Verpflichtungen keine Rolle mehr spielen. Eine Woche ohne Smartphone, iPad, Terminkalender, Zigaretten oder Alkohol. Sondern: Meditationen, Spaziergänge, Haus- und Gartenarbeit und Zeit, ganz viel Zeit, die lebendige Natur zu erleben und in sie einzutauchen. Beliebt ist die Schweigewoche auf dem Hof der Stille vor allem für Menschen, denen vergleichbare Angebote im Kloster zu fromm oder zu spirituell sind. „Eigentlich kann es jeder", so die Hofbesitzerin und Seminarleiterin, denn hier braucht es weder Vorkenntnisse noch irgendwelche speziellen Erfahrungen. Auch gewöhne man sich in der Regel sehr schnell an das Schweigen und es sei immer wieder zu beobachten, wie leicht das Miteinander wird, wenn man nicht reden muss. Die Teilnehmenden lernen sich auch nur mit ihrem Vornamen kennen, eine klassische Vorstellungsrunde gibt es nicht. Ein vorgegebener Tagesablauf von 7 Uhr bis 21 Uhr sorgt in der Gruppe für Struktur: Stehen am Vormittag Meditationen, Frühstück, Hof- und Gartenarbeiten auf dem Programm, ist der Nachmittag meist frei. Das gibt Raum zur eigenen Gestaltung. Wer trotz allem ein Redebedürfnis verspürt, kann sich einmal am Tag für 15 Minuten an Imme de Haen wenden. Ansonsten wird mit Zetteln kommuniziert. Zusätzlich schickt Imme de Haen ihre Teilnehmer zu kleinen Wahrnehmungsaufgaben in die Natur, ganz im Sinne buddhistischer Achtsamkeit. Die Schweigewoche, die siebenmal im Jahr stattfindet, beginnt immer an einem Freitag und endet an einem Samstag, so dass noch genügend Zeit zum Nachklingen und Nachspüren bleibt. Auf dem Speiseplan stehen ausschließlich vegetarische Gerichte, die frisch zubereitet werden. Die Teilnahme an den fünf halbstündigen Meditationen ist freiwillig, erwartet wird aber auf jeden Fall, sich an das Gebot des Schweigens zu halten, keine längeren Ausflüge in die Umgebung zu unternehmen, sondern den Hof nur für Spaziergänge zu verlassen. Für Imme de Haen ist diese innere und äußere Disziplin sehr wichtig, führt sie doch vor allem durch das tägliche Üben zu innerer Ausgeglichenheit, Harmonie und Ruhe. Aus dieser inneren Ruhe heraus fällt es leichter, die Welt mit anderen Augen zu sehen, die eigenen Verhaltensweisen oder Glaubenssätze aus einer anderen Perspektive heraus zu betrachten, zu überprüfen, vielleicht auch loszulassen und etwas Neues in das Leben hineinzubringen. Und manchmal ist es auch einfach nur die Erholung, die die Teilnehmer auf dem „Hof der Stille" suchen und nach 7 Tagen des Schweigens finden. Denn „es ist immer wieder ein Wunder, was geschieht, wenn nichts geschieht", gibt uns Imme de Haen beim Abschied mit auf den Weg.

ANREISE:
Hof der Stille
Kirchplatz 1, 14715 Havelaue, OT Gülpe

Mit der Bahn: RE4 nach Rathenow, anschließend umsteigen in den Bus 684 bis Wolsier, Havelaue (Richtung Neustadt). Dort wirst du abgeholt.

EINTRITT/KOSTEN:
Eine Schweigewoche (inkl. Verpflegung) kostet 630 €.

LINKS:
Naturpark Westhavelland: www.westhavelland-naturpark.de
Hof der Stille: www.hofderstille.de

FÜR GEIST UND SEELE

EBERSWALDE - BERNAU

AUF DEM JAKOBSWEG PILGERN

Wir rennen ja alle in irgendwelche Yogastudios, finden Buddhismus wahnsinnig „spannend" und interessieren uns für hinduistische Traditionen. Auf der Suche nach Spiritualität lassen wir unsere Blicke weit schweifen. Aber wieso nicht mal schauen, was es vor der eigenen Haustür gibt. Das Christentum bietet ja auch zahlreich erprobte Praktiken, um zu sich und den höheren Sphären zu kommen. Deshalb: Lasst uns Pilgern!

Statt herabschauender Hund und Kobra mal Pilgern, Fasten, Meditieren, Singen? Christliche Spiritualität ist durch die Verbindung mit den Institutionen der „Kirche" vielen nicht mehr nah und zugänglich. Den ganzen ideologisch-religiösen Ballast kann man aber auch mal weglassen, selbst wenn Fragen dazu irgendwann wieder auftauchen werden. Wir probieren das Pilgern einfach mal aus. Brandenburg ist eine hervorragende Basis dafür: Hier führt ein Netz von Jakobs-Pilgerwegen hindurch. Eine stilisierte gelbe Muschel auf blauem Grund kennzeichnet die Wege der Jakobspilger in Europa. In Brandenburg und der Oderregion wird das Wegenetz seit einigen Jahren nach und nach damit ausgeschildert. Die Hauptrouten durchqueren die Region von der Ostseeküste in südlicher Richtung über Berlin bzw. Frankfurt (Oder) bis Leipzig und aus der polnische Woiwodschaft Lubuskie kommend in westlicher Richtung über Frankfurt (Oder) und Berlin nach Bad Wilsnack bzw. Stendal.

Von der Oder kommend kann man verschiedene Routen über Berlin weiter nach Westen/Südwesten wählen — und am Ende natürlich auch gleich Durchpilgern bis Santiago de

Compostela in Spanien. Dort befindet sich angeblich das Grab des heiligen Jakob, weshalb sich Santiago im Mittelalter nach Rom und Jerusalem zum drittwichtigsten Pilgerort der Christenheit entwickelte. Jakob oder Jakobus war einer der zwölf Apostel von Jesus, gehörte also zu den zentralen Figuren der Urgemeinde.

Das Pilgern war im religiösen Verständnis eine Ablasshandlung: um sich von Sünden zu befreien, Buße zu tun, sich zu reinigen und zu rechten Gedanken zu kommen und am Ende erlöst zu werden.

Das in sich versunkene Wandern, das bewusste Fortbewegen Schritt für Schritt entfaltet schon nach einigen Kilometern eine ungekannte meditative Kraft.

Die Etappen des Jakobswegs sind meist rund 20-30 km lang. Das sind sehr lange Touren, bei denen man von morgens bis abends unterwegs ist. Spätestens ab dem 15. Kilometer entgleitet der Geist. Das übliche Gedankenkarussel hört auf. Man fühlt sich ab dem 20. Kilometer dann entkörperlicht, selbst wenn die Füße sich langsam bemerkbar machen. Und die letzten Kilometer lassen dich dein Menschsein schmerzlich neu entdecken, es geht dann darum, sich nicht aufzugeben, weiterzumachen, sich zu überwinden. Man hat keine Alternative dazu – es sei denn man lässt sich am Wegesrand fallen und bleibt liegen, was einen aber auch nicht näher ans Essen und das Bett am Abend bringt. Ganz zu schweigen von der Befreiung eurer Sünden.

Noch nie waren wir am Abend so müde, so dankbar, so glücklich über einfaches Essen und Getränke. Alles war gut und reichte. Und der größte Luxus war dann ins Zelt oder die Pilgerunterkunft zu gehen und einfach nur zu schlafen. In Träumen verfolgt wurden wir dann nur von den Rentnern, die uns tagsüber mit ihren Elektrobikes winkend überholt hatten, während der Schmerz der Füße und die zunehmende Müdigkeit unser Sein bestimmte. Größte Erkenntnis: Es ist befreiend, wenn man am Tag nur noch einen Gedanken hat, nämlich von A nach B zu kommen und zwischendurch nur trinkt und isst.

Wenn ihr euch auf den Weg machen wollt, trainiert vorher so lange, bis ihr zumindest 4-5 Stunden ohne Probleme auf den Füßen bleiben könnt. Wichtigstes Hilfsmittel: Die richtigen Wanderschuhe. Hier lohnt es sich ein bisschen Geld auszugeben und sie vorher einzulaufen. Dann nehmt euch einen ersten Tagesabschnitt vor, beispielsweise von Eberswalde nach Bernau, das sind rund 30 km. Dieser Streckenabschnitt ist Teil der alten Via Imperii, die von Stettin südwärts über Gartz (Oder), Angermünde, Chorin bis Bernau führt, wo sich Pilger entscheiden können, ob es weiter gen Süden oder Westen geht. Wer lieber westlich oder südlich oder östlich von Berlin pilgern will. Hier der Streckenverlauf: Vom Marktplatz in Eberswalde geht es Richtung Westen, dabei überqueren wir die Schwärze und gelangen zum Forstbotanischen Garten und dem Zoo. Anschließend gehts durch Spechthausen. Weiter wandern wir durch das Nonnenfliess-Schwärzetal bis zum langgezogenen Straßendorf Schönholz. Von dort nach Melchow, Biesenthal, Lobetal. Diese Etappe endet vor der Pfarrkirche Sankt Marien in Bernau. Achtung: Diese Strecke ist noch nicht komplett ausgeschildert. Die beste Informationsquelle, um seinen Pilgerweg in Brandenburg vorzubereiten, ist übrigens die Website der Jakobusgesellschaft Brandenburg-Oderregion.

ANREISE:
Rathaus Eberswalde
Breite Str., 16225 Eberswalde

Mit der Bahn: RE3/RE66 nach Eberswalde. Dann mit dem Bus 861 bis Eberswalde, Markt.

EINTRITT/KOSTEN:
keine Kosten

LINKS:
Jakobusgesellschaft Brandenburg-Oderregion e. V.:
www.brandenburger-jakobswege.de

FÜR GEIST UND SEELE

BAD SAAROW

DEN GEIST FRIEDVOLL MACHEN

Sukhavati ist das erste Zentrum für Spiritual Care in Deutschland – ein Haus des Lebens und der Gemeinschaft. Das Modellprojekt bringt Lehre und Anwendung von Spiritual Care im Geiste Buddhas zusammen – und bietet weit mehr als Meditation.

Sukhavati ist kein buddhistisches Zentrum im klassischen Sinne. Der Name stammt aus dem Sanskrit und heißt Ort des Wohlbefindens, des Glücks und der Zufriedenheit. Das Haus mit Gästezimmern, Bistro und Veranstaltungsräumen in Bad Saarow bietet „Spiritual Care". Auf Neudeutsch ist das so was wie Pflege plus Seelsorge, ohne dass die Gemeinschaft ein religiöses Bekenntnis abverlangt. Das Modellprojekt setzt die Lehren der tibetisch-buddhistischen Weisheitstradition in die Praxis um und möchte vor allem Menschen in Krisensituationen helfen, die mit konventionellen Heilmethoden und Lösungsansätzen nicht mehr weitergekommen sind. Sukhavati ist damit auch so eine Art freundliches Krankenhaus für Geist und Seele. Das Angebot richtet sich an Menschen in einer Krise mit einem ganzheitlichen, urteilsfreien Verständnis, bei dem die spirituelle Dimension einer Krise ins Zentrum gerückt wird. Krisen sind vielfältig: Das sind Lebensumbrüche, Neuorientierungen, aber auch Burn-outs, Krankheiten, bei denen die konventionelle Medizin vielleicht nicht mehr weiterhelfen kann. Es gibt sogar eine eigene Pflegeabteilung, in der Menschen für einen Übergang nach einem Krankenhausaufenthalt gepflegt werden oder wohin sie zum Sterben kommen, auch wenn das Haus kein Hospiz ist.

FÜR GEIST UND SEELE

Sukhavati bietet Raum für die Frage, wie wir eine Krise, eine Krankheit oder allgemeiner noch: den Sinn unseres Lebens verstehen und die geistige Dimension unseres Daseins anerkennen können. Das Zentrum für Spiritual Care versteht sich als ein Haus des Lebens, in dem jeder Teil einer spirituellen Gemeinschaft ist, die füreinander sorgt. Das kann verschiedene Ausmaße haben: Ihr könnt tägliche Beratungsgespräche zur individuellen spirituelle Unterstützung bei der persönlichen Reflexion und Sinnsuche wahrnehmen. Oder ihr meditiert, übt Achtsamkeit und Mitgefühl, praktiziert Kontemplation und Schweigen oder beschäftigt euch mit den buddhistischen Lehren. All das bietet sich an, wenn ihr mal einige Tage bis zu mehreren Wochen aussteigen und in einer komplett anderen Atmosphäre den Geist reinigen wollt.

Am Leben dieser Gemeinschaft von Buddhisten kann man als Besucher aber auch ohne Krise und ohne Vorwissen teilnehmen. Es gibt Apartments, in denen ihr ohne irgendwelche Verpflichtungen wohnen könnt, aber eingeladen seid, am Leben der Sukhavati-Gemeinschaft teilzunehmen, sich also morgens gemeinsam auf den Tag auszurichten durch Meditationen und Gehmeditationen, durch die Praxis der liebenden Güte und des Mitgefühls, durch Lesungen und Austausch, Belehrungen zu bestimmten Themen wie Heilung oder Umgang mit Trauer.

Wem auch das noch zu viel ist und wirklich nur mal reinschnuppern will in diese heilsame Atmosphäre des Hauses, das sehr schön direkt am Scharmützelsee liegt, geht zu Veranstaltungen und Seminaren, die jedem offenstehen. Alle offenen Termine werden auf der Website angekündigt. Oder ihr geht einfach nur im Bistro (biologisch-vegetarische Küche) essen oder bestellt euch nachmittags Kaffee und Kuchen, beobachtet, schweigt, geht in euch, atmet – und könnt euch auch so ein Bild von diesem buddhistischen Experiment machen.

Träger des Hauses ist eine gemeinnützige GmbH, hinter der wiederum eine buddhistische Stiftung steht, die das Geld gab. Wer mehr und systhematischer in den Buddhismus einsteigen will, hat in Brandenburg etliche Möglichkeiten: Das Tharpaland International Retreat Center in Oberkrämer bietet

Meditationskurse, Retreats und das Studium des Buddhismus. Sogar ein Lehrerausbildungsprogramm wird geboten. Die Meditationsabende, für Einsteiger am besten geeignet, verbinden geleitete Meditation mit praktischen Ratschlägen wie man die täglichen Probleme lösen und positiv bleiben kann. Diese wöchentlichen Meditationsabende sind als Minikurse aufgebaut. Jeder ist willkommen, regelmäßig einen ganzen Block oder auch nur einen Abend zu besuchen.

Ein ganz ähnliches Ziel wie Tharpaland verfolgt auch die buddhistische Klosterschule in Päwesin. Für Interessierte ist die vom Kloster betriebene Bäckerei ein gutes Ausflugsziel; im kleinen Garten der Bäckerei sitzend, kann man die Atmosphäre auf sich wirken lassen, sich informieren, Kontakt aufnehmen. Gemeinsame Meditationen bis hin zu längeren Retreats werden auch hier angeboten.

ANREISE:
Sukhavati
Zentrum für Spiritual Care
Karl-Marx-Damm 25, 15526 Bad Saarow

EINTRITT/KOSTEN:
Meditationsabende: 6 € pro Abend (keine Voranmeldung)

LINKS:
Sukhavati: www.sukhavati.eu

WEITERE BUDDHISTISCHE ZENTREN:
Tharpaland International Retreat Centre
Sommerswalde 8, 16727 Oberkrämer
www.tharpaland.org

Buddhistische Klosterschule Ganden Tashi Choeling e.V.
Brandenburger Str. 12, 14778 Päwesin
www.tashi-choeling.de

IRON CHALLENGE

Du möchtest deinen inneren Schweinehund besiegen, körperliche und mentale Grenzen überschreiten? Dann haben wir ein paar Challenges für dich. Schaffst du es 100 km in 24 Stunden zu laufen? Traust du dich, eine ganze Nacht in den Wäldern Brandenburgs zu verbringen? Wie wäre es mit einem (fast) waschechten Triathlon? Oder lerne, was es braucht, um fernab jeglicher Zivilisation im Wald zu überlebem.

ERKNER - GUSOW

100-KM-MARSCH IN 24 STUNDEN

Du findest, die bisherigen Kapitel waren für Weicheier? Schmerz ist für dich Ansichtssache? Du suchst nach der ultimativen Herausforderung und dafür ist dir selbst ein Marathon zu kurz? Dann hast du keine andere Wahl als am Brandenburger Mammutmarsch teilzunehmen: 100 km zu Fuß in 24 h.

Wenn ein Lauf in die Kategorie „Iron Challenge" gehört, dann der Mammutmarsch von Erkner nach Gusow, der jährlich im Mai stattfindet. Hier ein paar Fakten: Die Distanz beträgt das 2,37 fache eines Marathons. Bei einer konstanten Laufgeschwindigkeit von 5 km/h (es wird also nicht gejoggt) und ohne Pausen bist du 20 Stunden auf den Beinen. Du läufst die komplette Nacht durch. Gehst du die Herausforderung in einem Dreigespann an, werden zwei von euch auf der Strecke bleiben — denn im Durchschnitt kommt nur ein Drittel aller Teilnehmer an. Der Lauf wird bei jeder Witterung durchgeführt. Niemand beendet ihn schmerzfrei. 2016 kam sogar kein einziger Läufer an. Der Lauf musste erstmals seit 2012 frühzeitig wegen nächtlicher Minusgrade abgebrochen werden.

Was sich zweifelsohne als extreme körperliche Herausforderung anhört, ist in erster Linie reine Kopfsache. Denn spätestens ab Kilometer 30 musst du dich für die kommenden 70 km immer wieder motivieren, einen Fuß vor den anderen zu setzen. Wir haben uns daher gefragt: Kann man sich auf so einen Lauf überhaupt vorbereiten? „Man muss nicht unbedingt in Form sein, um einen Marathon zu laufen", so Bastian Kröhnert, einer der drei Veranstalter des Mammutmarsches.

IRON CHALLENGE

„100 km zu laufen bedeutet eine ganze andere Art der Belastung. Wichtig ist die Vorbereitung im Kopf", erzählt uns der Unternehmer und Kampfsportler weiter. Unabdingbar ist dabei, dich über den Streckenverlauf zu informieren. Du musst genau wissen, was auf dich zukommt und darfst dich von nichts überraschen lassen. Dabei helfen dir die Veranstalter und verteilen vor und während des Laufs detaillierte Karten zu den jeweiligen Streckenabschnitten. Zusätzlich kannst du dir eine Audio-Streckenbeschreibung auf dein Handy oder den mp3-Player laden. Ebenso steht dir die komplette Strecke als GPS-Download zur Verfügung. Mit dem Wissen im Hinterkopf, dass du dich während der 100 km nicht verirren wirst, läuft es sich schon mal einfacher. Ein weiterer Tipp: Betrachte den Mammutmarsch nicht als „Ganzes", sondern teile dir die Strecke im Kopf in Teilabschnitt auf. Gerade nachts fließen die Kilometer zäh dahin, die Distanzen zwischen den Pausen werden geringer. Stell dich außerdem darauf ein, dass es ohne Schmerzen nicht gehen wird. Es kommt früher oder später der Punkt, an dem es wehtut. Die Top 3 der Schmerzrangliste sind wunde Füße, schmerzende Knie und Krämpfe in den Waden. Sind die Schmerzen da, musst du dir Strategien überlegen, wie damit umzugehen ist. Die einen flüchten sich in Selbstgespräche, andere werfen ihr Kopfkino an und wieder andere verfallen in eine Art Trance. Am wichtigsten ist es aber, und darauf weisen auch die Veranstalter hin, dass du mit Mitstreitern marschierst. Ihr könnt euch gegenseitig motivieren, euer Leid teilen und so vielleicht ein Mindestmaß an guter Laune erhalten. Die Euphorie, die du noch am Start verspürt hast, wird schnell verflogen sein. Diese kommt erst wieder, wenn du den letzten der 100.000 m gegangen bist. „Denn wenn du wirklich die 100 km geschafft hast und dir bewusst wird, was für eine unglaubliche Distanz du gerade mit deinen eigenen Füßen überwunden hast, dann ist das ein absolutes Highlight, dass du nie vergessen wirst", verspricht Bastian Kröhnert.

Auch wenn du unterwegs keine Augen mehr dafür haben wirst: Die Strecke ist abwechslungsreich. Weite Teile des

Mammutmarschs folgen dem Fernwanderweg E11. Dabei wechseln sich Waldböden, Feldwege und Wiesen mit Schotter, Asphalt und Kopfsteinpflaster ab. Du startest nachmittags in Erkner, umrundest den Berliner Müggelsee und wanderst in der Nacht quer durch den östlichen Speckgürtel Berlins. In den Morgenstunden hast du Straußberg erreicht. Am Vormittag werden dich deine schmerzenden Füße durch die hügelige Landschaft der Märkischen Schweiz tragen. Zwischendurch kommst du immer wieder an hübschen kleinen Dörfern und idyllischen Seen vorbei. Aber mach dir nichts vor: Es wird dich nicht interessieren. Die letzten 20 km geht es großenteils leicht bergab. Und nach 100 km hast du endlich Gusow erreicht.

Unterwegs gibt es mindestens vier Streckenposten, an denen du dich – besonders in der Nacht – aufwärmen, deinen Wasservorrat auffüllen und dich mit etwas Verpflegung (Bananen, Müsliriegel) stärken kannst. Aller 2-3 km gibt es Ausstiegsmöglichkeiten, die dich per Bahn oder Bus nach Berlin bringen. Hast du dich verletzt und kannst gar nicht mehr weitergehen, holen dich Streckenposten ab. Musst du abbrechen, sitzt die Enttäuschung vielleicht tief. Doch auch wer nur ein Drittel oder die Hälfte der Strecke schafft, ist für die Veranstalter schon ein Held. Deshalb gibt es bereits Urkunden nach 30, 50 und 70 km.

ANREISE:
Wird dir vom Veranstalter nach Anmeldung mitgeteilt.

EINTRITT/KOSTEN:
Startgebühr: 40 €

LINKS:
Mammutmarsch: www.mammutmarsch.de

IRON CHALLENGE

14

RUPPINER LAND

NACHTWANDERN ALS MUTPROBE

Nachtwandern ist eine große Herausforderung. Wir meinen nicht einen Spaziergang in oder am Rande der Stadt, wo es noch hell ist. Wir führen euch ganz tief in den Wald und spielen mit euren Urängsten, lassen Hexen, Wölfe und Erinnerungen an das Schicksal von Hänsel und Gretel aufleben. Mit dieser Iron challenge werdet ihr testen, wie mutig und selbstbewusst ihr wirklich seid.

Wir wissen irgendwie alle, dass die Nacht gefährlich sein kann; erst recht würdet ihr nicht als erstes darauf kommen, nachts in den Wald zu gehen: Weil es euch Angst macht! Weil wir alle die Geschichten von den dunklen Wäldern, von Rotkäppchen und dem bösen Wolf oder Hänsel und Gretel im Kopf haben. Sich im Wald zu verirren, der Dunkelheit, bösen Mächten und wilden Tieren ausgeliefert zu sein, ist die absolute Gegenthese der modernen Zivilisation, derer wir uns rühmen.

Aber: Wandern in der Nacht kann auch romantisch sein und eine wunderbare Selbsterfahrung. Es kann eine Schule zur Schärfung der Sinne sein, wenn man still in die Nacht hineinhorcht, dabei jedes Knistern und jedes Tier wahrnimmt. Die Reduzierung auf dich und die Nacht, umgeben von Tausenden Tieren, die du kaum siehst, das Fehlen von Licht als deine wichtigste Orientierungshilfe, ist eine gute Prüfung. Du wirst feststellen: In der Nacht betreten andere Akteure die Bühne des Waldes. Es sind Wildtiere, die wir sonst kaum sehen, vor denen wir uns, wenn wir vorsichtig sind, aber auch nicht fürchten müssen. Dass Wölfe uns angreifen werden, ist unwahrscheinlich, denn die sind viel zu scheu. Wildschweine können schon eher ein Problem werden, aber auch da gilt:

IRON CHALLENGE

Keine Panik! Ruhig bleiben und sich langsam entfernen.

Wie nun konkret vorgehen? Ihr könnt natürlich jeden beliebigen Wald in Brandenburg zu jeder Jahreszeit aufsuchen. Der erste Schritt: Nehmt vielleicht erst an der „Langen Naturwachtnacht" teil. Das ist eine Gemeinschaftsaktion aller 15 Naturwachten in Brandenburg, veranstaltet im August jeweils so um den 20.8. herum. Geboten werden Aktionen, Führungen, Stände in den Abendstunden bzw. in der Nacht. Informationen zu den Veranstaltungen wie auch zu der im Stechlin-Ruppiner Land etablierten und empfehlenswerten Vollmondkanunacht könnt ihr auf der Internetseite der Brandenburgischen Naturwacht bekommen: www.naturschutzfonds.de.

Wer ein bisschen mehr wagen will: Für besonderes Gruseln ist vielleicht der Brieselanger Forst (auch Bredower Forst) westlich von Berlin geeignet: In diesem Wald soll es spuken. Immer wieder werden Lichter im Wald gesehen. Die Theorien reichen vom Geist eines ermordeten Mädchens, das hier herumpoltert, bis hin zu ausgebrochenen „Irren", die als „Leuchter" durch den Wald streifen. Eher naturwissenschaftliche Modelle versuchen einen Zusammenhang mit aufsteigenden Gasen herzustellen, die sich selbst entzünden. Verwegenerweise glauben manche in Brieselang auch daran, dass Jugendliche sich immer wieder einen Scherz erlauben und effektvoll für ein Weiterleben der „Leuchter"-Sage sorgen.

Aber Brieselang kann nur der Anfang sein: Besser ist es in der Ruppiner Schweiz oder im Ruppiner Land. Dort kann man nachts um den Tornowsee bzw. den Stechlinsee laufen. Das ist die mittlere Herausforderung, weil der Weg eindeutig bleibt: Es geht immer um den See herum, die Wege sind sehr gut zu erkennen, erst recht bei Mondschein. Verlaufen werdet ihr euch da nicht.

Nächste Stufe: Richtig eintauchen in die Natur kann man zum Beispiel nördlich von Berlin in der Kleinen Schorfheide ab Basdorf. Dafür sollte man aber tatsächlich nicht besonders ängstlich sein, sich gut orientieren können und sich mit Taschenlampen, Wasser und Proviant sowie Karten vorbereiten, die Wege nicht verlassen und nicht alleine sein.

Die Basdorf-Experience geht so: Einfach am Ende des Orts parken (am Gutshof), dann rechts gegen den Uhrzeiger (und noch vor dem See) in den Wald laufen bis zur Havel, an der Havel Richtung Norden entlang bis Boltenhof und Qualzow zurück nach Basdorf. Das sind ca. 10 km. Hier werdet ihr geprüft. Es gibt sehr viele wilde Tiere. Es gibt Wölfe, Wildschweine und noch mehr Getier, das jeden eurer Schritte aufmerksam beobachten wird. Ihr seid nicht allein! Wichtig ist: Niemals panisch zu werden, auch wenn ihr euch verirrt. Zur Orientierung empfehlen wir neben Karten Wanderapps wie www.komoot.de.

ANREISE:
Brieselanger Forst
Karl-Marx-Str., 14612 Falkensee

Mit der Bahn: RB10/RB15 bis Finkenkrug. Hier zu Fuß in die Ringstraße einbiegen. Nach wenigen Metern beginnt der Natufpfad Bredower Forst.

Stechlinsee
Stechlinseestr. 17, 16775 Stechlin

Mit der Bahn: RE5 nach Fürstenberg (Havel), dann am besten weiter mit dem Fahrrad bis nach Neuglobsow.

Basdorf
Am Ende der Kastanienstr., 16798 Fürstenberg (Havel)

Mit der Bahn: RB27 bis Basdorf. Dann zu Fuß weiter bis zum Ortsende.

EINTRITT/KOSTEN:
kein Eintritt

LINKS:
Brandenburgische Naturwacht: www.naturschutzfonds.de
Komoot: www.komoot.de

IRON CHALLENGE

NEURUPPIN

TRIATHLON - FÜR ANFÄNGER

Laufen, Rad fahren, paddeln, zurück mit dem Fahrgastschiff: Eine Tagestour durchs Ruppiner Land zur Boltenmühle mit Wasser satt und einem Hauch Abenteuer. Kein wirklicher Triathlon, aber zumindest sportlich herausfordernd.

Früh raus, auf nach Neuruppin, der Fontanestadt. Hier ist er 1819 geboren: Der Übervater aller Brandenburg-Expediteure. Wir sind gespannt — und auf alles vorbereitet, auch wenn wir es mit dem Triathlon nicht ganz so ernst nehmen: Hier wird kein Wettbewerb bis zum Umfallen veranstaltet. Das Tempo bestimmen wir selbst, wir laufen immer nur kleine Abschnitte, über Wasser geht's mit einem bequemen Paddelboot und die letzte Etappe sitzen wir gemütlich auf einem Passagierschiff und tuckern zurück zum Ausgangsort nach Neuruppin, falls ihr nicht laufen oder joggen wollt.

Zunächst melden wir uns bei der Touristeninformation (www.tourismus-neuruppin.de) am Rheinsberger Tor in Neuruppin. Dort bekommen wir alle Unterlagen, eine Karte, zahlen dieses buchbare Komplettpaket („Triathlon für Genießer") und erhalten die erste Instruktion: Auf zum Seeufer. Dort, gegenüber vom Schiffsanleger, stehen die Räder vor dem Büro von Rhinpaddel bereit:

Wer zu diesem Zeitpunkt unbedingt noch einen Kaffee erst haben muss: Gerda's Cupcake Café (An der Seepromenade 10 a, 16816 Neuruppin, www.gerdas-cupcake-cafe.de) mit grandiosem Seeblick direkt an der Promenade ist die beste Empfehlung. Wir schnappen uns die Räder, werfen einen Blick auf den morgendlichen Ruppiner See — und los geht's, vorbei an der Therme zum Seeufer, das im Bogen über den

IRON CHALLENGE

gut befahrenen Seedamm in die Ernst-Toller-Straße führt. Nach kurzem Anstieg biegen wir nach 200 m rechts ab in die Hans-Thörner-Straße, der wir vorbei an einer hübschen Kleingartensiedlung folgen. Die Straße führt nach rechts bis fast zum Ufer des Ruppiner Sees. Hier radeln wir nun immer gerade aus und passieren rechts die alte Seebadeanstalt, ein Bau aus den 1920er-Jahren, bezeichnenderweise benannt nach Turnvater Jahn. Der lässt grüßen, wir kommen langsam ins Schwitzen, aber auch in Fahrt.

Wir folgen der Jahnstraße, immer am Ufer entlang. Keine weiteren Ausflügler jetzt mehr auf der Strecke, wir lassen uns treiben. Das Brandenburg-Feeling steigt langsam auf. Der Weg heißt nun Seepromenade. Gut zum Radeln, wenn auch manchmal etwas holprig. Wer mit eigenem Rad fahren will: Ein Trekking-Rad ist schon ganz angemessen... aber die Tiefeinsteiger-City-Bikes der Vermietung tun es auch, selbst wenn wir innerlich fürchten, nicht ganz altersgerechte Räder bekommen zu haben.

Die Seepromenade führt uns vorbei an einigen Häusern zur Neuruppiner Straße, die wir schnell überqueren und den Neumühler Weg weiter radeln. Der ist bis zur Schleuse Alt Ruppin zwar nicht ganz so romantisch, aber dafür asphaltiert und gut zu fahren. An der Schleuse gibts einiges zu gucken. Gerade wenn man mit Kindern unterwegs ist, kann man sich das Heben der Schiffe und Boote anschauen. Heute radeln wir aber weiter, nun am Molchowsee entlang. Der schmale Weg führt in den Heimburger Weg. Nach rund 8 km ist Zeit für eine erste Pause im River Café.

Danach: Auf nach Stendenitz zur Waldschänke, unserer nächsten Station: Bis dahin sind es noch rund 4 km. Es führen kleinere Wege direkt am Teetzensee vorbei mit schönerem Ausblick. Zum Radfahren ist der ausgewiesene Radwanderweg E10 besser.

An der Waldschänke, wo am Wochenende auch Kulturelles von Ausstellungen bis Konzerten stattfindet, trinken wir kurz was. Hier lassen wir die Räder stehen und schnappen uns eins der bereitgestellten Kanus von Rhinpaddel. Wir schippern los, sind Ende August fast alleine auf dem Zermützelsee.

Der Kanal führt zum 5. und letzten See unserer Tour: Den Tornowsee. Am nördlichen Ende, linke Hand, liegt deutlich sichtbar der Bootsanleger und die Sammelstelle von Rhinpaddel (ein Schild weist darauf hin). Das Kanu hieven wir an Land. Es bleibt dort liegen, ohne dass man es irgendwo melden muss. Ein wenig durchnässt (unsere Paddeltechnik scheint nicht ganz so professionell zu sein) laufen wir bei nun durchbrechender Sonne zur Boltenmühle, einem beliebten Ausflugslokal. Wir machen Pause und lassen es uns gut gehen.

An Bord eines Schiffes der Fahrgastschifffahrt Neuruppin (der Anleger liegt unterhalb der Boltenmühle) lassen wir uns zurück nach Neuruppin bringen. Nachmittags geht das letzte Schiff. Wir passieren wilde Abschnitte, erleben das Runterschleusen in Alt-Ruppin, eh es zurück in den Ruppiner See geht und wir am Schiffsanleger mit einem wundervollen Blick auf die Altstadt von Neuruppin anlanden. Für die Iron Challenge könnt ihr die letzte Etappe auch laufen, aber Achtung: Es sind 16 km, Wer den Abend richtig entspannt ausklingen lassen will: Die Fontanetherme ist eine echte Empfehlung wert. Von der Sauna kann man durch ein riesiges Panoramafenster auf den Ruppiner See hinausblicken.

ANREISE:
Neuruppiner Tourismus-Service BürgerBahnhof
Karl-Marx-Str. 1, 16816 Neuruppin

Mit der Bahn: RE6 bis Neuruppin Rheinsberger Tor

EINTRITT/KOSTEN:
Komplettpaket „Triathlon für Genießer": 39,90 €

LINKS:
Tourismusinformation: tourismus-neuruppin.de
Schifffahrt Neuruppin: www.schifffahrt-neuruppin.de

IRON CHALLENGE

SCHLAUBETAL

IN DIE WILDNIS, ZUM WALDKAUZ...

Schnell noch die letzten Mails checken, ein paar Nachrichten verschicken, die To-Do-Listen bearbeiten... Es ist ständig derselbe Hamsterradlauf, der unseren Alltag bestimmt. Glauben wir Evolutionstheoretikern, entfernen wir uns mit der modernen Lebensweise, dem ständigen Sitzen, dem permanenten Online-Dasein, unseren Bewegungsmustern und unserer Ernährung immer weiter von unseren Grundlagen. Sind wir am Ende doch immer noch Jäger und Sammler, brauchen wir den Wald, die Wildnis und die Ruhe, um zu uns zu kommen? Wieso nicht einmal einen Tag lang in die brandenburgische Wildnis aufbrechen, um zu sehen, ob uns das wirklich fehlt?

Ok, wir brechen nicht alleine kopfüber in die (nicht wirklich so wilde) Wildnis Brandenburgs auf. Ein bisschen Beratung für einen Kurzzeit-Ausstieg kann schließlich nicht schaden. Bastian Barucker hat mit uns gesprochen und einen wunderbaren Wochenendplan zusammengestellt. Bastian erschien uns dafür der Richtige zu sein: Er ist ausgebildeter Überlebenstrainer, Wildnispädagoge, Wilderness-Guide und unterrichtet seit mehr als zehn Jahren das Wissen der Wildnis. Nach seiner 3-jährigen Lehre lebte er ein Jahr permanent in der Wildnis Nordamerikas in einem Clan. Seitdem vermittelt er dieses Wissen in der Wildnisschule Waldkauz im Schlaubetal.

Das Leben in der Wildnis war für ihn kein Ausstieg aus der Zivilisation. Er ist kein Menschenfeind, also keinesfalls der einsame Mann, der frustriert von der Welt und den Frauen sich seinen Weg durch die Wildnis bahnte und überlebte. Er lebte und überlebte da draußen, weil er sich – ganz im Gegenteil – mit anderen zusammentat und Gemeinschaft praktizierte, denn ohne Gemeinschaft, das wissen die echten Wildnis-Experten, gibt es kein Überleben. Schon kleine Verletzungen können dich zum Tode verurteilen, wenn du alleine bist. Deshalb brauchen wir andere Menschen, und deshalb sind auch alle Wilderness-Experimente keine One-Man-Shows.

Das Faszinierendste war für Bastian nicht, mit dem Verlust von Kontrolle umzugehen. Wer in der Wildnis und von der Natur lebt, gestaltet seinen Tagesablauf nicht mehr alleine. Die Menge an Essen, die man im Wald findet, die Möglichkeiten Feuer zu machen, sich zu wärmen, sich zu waschen, zu trinken – all das gibt man in die Hände einer anderen Instanz, wenn man sich in die Wildnis begibt. Alles ist wetter-, tages- und jahreszeitenabhängig, auch wenn man letztlich von allem Notwendigem umgeben ist. Man muss nur das richtige Auge dafür entwickeln. Nicht überall findest du immer alles, etwas, was wir als selbstverständlich voraussetzen: Dass alles orts- und zeitunabhängig verfügbar ist. Per Klick organisieren wir uns selbst aus dem letzten Winkel der Welt noch irgendwelche Kinkerlitzchen, die kein Mensch braucht. Was brauchen wir überhaupt wirklich? Ihr braucht definitiv nicht viel. Keine tausend Kleider, nicht zwei Autos, nicht eure ganzen Küchengeräte, nur die Hälfte der Lebensmittel, keine Kosmetik, keine überflüssigen „Devices"...

Verzichten, um zu gewinnen: Lasst heute mal alles zu Hause, schaltet das Handy aus oder lasst es liegen. Fahrt mit der Bahn beispielsweise ins Schlaubetal oder den Grumsiner Urwald. Bastian empfahl uns, erst einmal mit einer Wildnis-Übung anzufangen, um ressourcenschonender, sensibler und konsumkritischer zu werden:

Geh in den Wald und setz dich an eine schöne Stelle und beobachte von dort aus eine Stunde lang alles, was vor dir liegt. Schaue genau, höre, rieche, was da vor dir liegt – und schweige. Setze dich am besten im Schneidersitz auf eine mitgebrachte Matte und bewege dich nicht. Lass alles auf dich wirken, sammle Eindrücke. Fang an, alles, was du wahrnimmst, lächelnd zu begrüßen. Durch tiefes, regelmäßiges Atmen beruhigst du den Geist. Das Stillhalten ist die größte Herausforderung. Aber wenn du es einmal geschafft hast, still zu werden, wirst du ein erstes großartiges Wildnis-Erlebnis haben. Das kann man auch gut mit einer Gruppe machen, ausschwärmen und später sich über seine Sinneserlebnisse austauschen.

Schon solche Übungen sind Stress reduzierend und Blutdruck senkend. Wem das noch nicht reicht, kann noch einen Schritt weitergehen und ganze Tage oder Wochenenden in einem Wildnis-Camp verbringen. Eines der bekannten Wildnis-Camps wird von der Wildnisschule Waldkautz im Schlaubetal betrieben. Da „wildes" Campen in deutschen Wäldern verboten ist, sind solche Camps eine gute Gelegenheit, um aboriginales Leben zu spüren. Bei solchen Gelegenheiten wird dann schon mal ein vom Jäger geschossenes Reh in die Runde geworfen und ausgeweidet. Alle Angebote, auch Einführungen ins Fährtenlesen oder die Vogelsprache, finden sich auf der Website der Wildnisschule Waldkauz. Rund ein Dutzend weitere Wildnisschulen und Wildnis-Pädagogen bieten in Berlin und Brandenburg ähnliche Kurse an.

ANREISE:
Wildnisschule Waldkauz
Fußsteig 3, 17440 Lassan OT Pulow

Anfahrtinfos erhaltet ihr nach Buchung eines Wildnis-Kurses.

EINTRITT/KOSTEN:
variiert je nach Kurs

LINKS:
Wildnisschule Waldkauz: www.wildnisschule-waldkauz.de
Wildnisschulen-Portal: www.wildnisschulenportal-europa.de

BESTES ESSEN

Du möchtest den kulinarischen Besonderheiten Brandenburgs auf den Grund gehen? Dann statte doch mal der ältesten Küche Brandenburgs einen Besuch ab. Oder koste den besten Ziegenkäse des Landes. Wir zeigen dir, wo du garantiert einen Fisch an der Angel hast und haben die schönsten Hofläden mit besonseren Leckerbissen zusammengestellt.

BREDEREICHE

CAPRIOLEN MIT ZIEGENKÄSE

In Bredereiche wartet keine Erlebnisgastronomie, die sich irgendein Marketing-Label aufgedrückt hat und spektakelhafte Aufführungen bietet. Der Capriolenhof von Sabine Denell und Hans-Peter Dill ist deshalb eine der Top-Empfehlungen von uns, weil die beiden eine ganz eigene, authentische Welt draußen in der Schorfheide mit ihrem Ziegenhof und der Käserei geschaffen haben, die man mühsam erreicht und sich der Kategorie „Erlebnisgastronomie" erfolgreich entzieht – mit nachhaltigen Eindrücken für Gäste.

Auf dem Capriolenhof kommt irgendwie alles zusammen: ökologische Landwirtschaft, Selbstversorgung, leckeres Essen, eine tolle unverkrampfte Atmosphäre so als wäre man bei Freunden, die einem Ruhe und Raum lassen. Durch einen Besuch und das Kaufen der Produkte unterstützt man das Projekt und eine klare Botschaft: „Nicht in der Optimierung der Erträge zur Steigerung des Profits und dem Verfall der Preise liegt Sinn, sondern im optimalen Einsatz unseres Profits in der Arbeit mit Menschen, Tieren und Pflanzen für deren Wohlergehen. Nur das führt zu einer Produktqualität, an der alle teilhaben", so die ehemalige Tierärztin Sabine Denell.

Irgendwie schmeckt man das. Der Käse ist großartig, der Ziegenkäsekuchen umwerfend, der Tee wurde uns rustikal in einem Krug serviert, die Becher ineinandergestülpt auf den Tisch gestellt: „Verteilt das mal..."

Man wird bedient, aber kann auch gerne mitmachen. Den Käse vom Capriolenhof verkaufen die beiden Betreiber an die besten Restaurants der Region, fast die Hälfte der Sternerestaurants Berlins schwört auf die Capriolen-Ziegen. Und man kann ihn natürlich auch vor Ort auf dem Capriolenhof probieren und sich mit seinem Ziegenkäseteller in eine der vielen netten Ecken auf dem Hof zurückziehen oder sich einiges an Käse für zu Hause mitnehmen.

Alles wirkt hier so unglaublich unverkrampft. Eine Frage der Haltung, wie Hans-Peter Dill findet: „Wir genießen unsere 70-stündige Arbeitswoche mit der Landschaft, den Tieren, der Milch, dem Fleisch und dem Käse, mit den Mitarbeitern und den Kunden. Denn Genießen als Haltung zum Anderen verbindet".

Seit 1993 betreiben Sabine Denell und Hans-Peter Dill den Capriolenhof, der damals noch gar nicht Capriolenhof hieß, sondern „Ziegenkäserei am Schleusenhof Regow". Auf einer Wanderung durch die Tangersdorfer Heide entdeckten die beiden den verwaisten Hof und waren sofort Feuer und Flamme. Nachdem mit dem Eigentümer alles geklärt werden konnte, folgte die Pacht des Landes und die Erfolgsgeschichte nahm ihren Lauf.

Mit drei Ziegen fing es an. Peu à peu vergrößerten sich in den folgenden Jahren nicht nur landwirtschaftliche Nutzfläche, sondern auch der Ziegenbestand. Heute besteht die Herde aus 180 Ziegen sowie Dutzende Zicklein. Wurde in den Anfangsjahren Käse nur häppchenweise an Bootstouristen verkauft, stehen heute 70 t Milch im Jahr für die Käseproduktion bereit. Die Menge Milch reicht aus, um 20 verschiedene Sorten Käse herzustellen und brandenburgweit zu vertreiben.

Und wer nicht nur mitessen, sondern auch mitmachen will, kann auch das: Über den Sommer jobben, ein Praktikum machen oder eine Lehre beginnen. Du kannst auch WWOOFen oder gleich ein ökologisches Jahr auf dem Hof absolvieren. Das wäre dann schon ein deutlicher Schritt in Richtung neues Leben. Vielleicht reicht der Biwakplatz und eine Nacht im Zelt auch erst einmal, um mehr von der Atmosphäre zu kosten? Der Biwakplatz liegt ca. 800 m entfernt vom Hof sehr schön gelegen zwischen Havel und Altarm. Maximal 7 Personen können hier übernachten. Reinschnuppern sollte man auf jeden Fall zu den großen Hoffesten an Ostern, dem Mitsommerfest und dem Heideblütenfest im August. Diese Feste sind wirklich beeindruckende Ereignisse mit großem Lagerfeuer, gutem Essen und vielen Leuten, die der Ausstieg für kurze Zeit hier zusammenbringt.

Um den Capriolenhof herum liegt die Kleine Schorfheide, ein gutes Wandergebiet. Entlang der Havel lässt es sich wandern, von Schleuse zu Schleuse. Und wer in der Gegend noch ein weiteres kulinarisches Highlight sucht: In Tornow ist die Mühle sehr zu empfehlen...

ANREISE:
Capriolenhof
Sabine Denell und Hanspeter Dill
Schleusenhof Regow 1, 16798 Fürstenberg, OT Bredereiche

Mit öffentlichen Verkehrsmitteln nur schwer zu erreichen.

Mühle Tornow
Neue Str. 1, Fürstenberg / Havel OT Tornow

EINTRITT/KOSTEN
Kein Eintritt

LINKS:
Capriolenhof: capriolenhof.de
Mühle Tornow: www.muehle-tornow.de

BESTES ESSEN

GROSS ZIETHEN

DIE SCHWARZE KÜCHE BRANDENBURGS

Gegessen wurde in Brandenburg schon immer, Küchen – in irgendeiner Form – gab es wohl auch, weshalb es schwierig ist, von einer „ältesten" Küche in Brandenburg zu sprechen. Diesen Titel aber reklamiert die Schlossküche in Groß Ziethen für sich – und hat heute ein erstaunliches Revival hingelegt: Das Restaurant gilt als eines der besten im Bundesland und ist unbedingt einen Besuch wert.

Eine Urkunde von 1355 erwähnte bereits die „schwarze Küche" – sie ist damit die älteste erwähnte Küche in Brandenburg. Die Bezeichnung entstand, weil der Ruß der Feuerstelle die Wände dunkel färbte. Die Grundmauern des Baus stammen immer noch aus dieser Epoche. Über Jahrhunderte entstand das heutige Haus, barock und klassizistisch überformt mit einem sehenswerten Landschaftspark.

Mittlerweile hat die Familie von Thüngen-Reichenbach das alte Herrenhaus saniert und zu einem Hotel und Restaurant umgestaltet. Dabei ist das Haus so leger und durchlässig mit offenen Fluchten im Erdgeschoss gestaltet, dass man sich wie im eigenen Wohnzimmer fühlen kann. Einige Nebengebäude ergänzen das Ensemble, so der ehemalige Kornspeicher oder die alte Dorfschule. Sehr zu empfehlen ist die Suite d`amour mit zwei Zimmern, großen Flügeltüren und Balkon zum Schlosspark.

Und das Essen von Matthias Lingner ist ein Traum. Wer einmal 30-60 Euro für ein besonderes Essen ausgeben möchte, dem sei Schloss Ziethen sehr empfohlen. Das Restaurant zählt zu den zehn besten im Bundesland, dank der

BESTES ESSEN

regionalen Ausrichtung mit modernen Einsprengseln, kreativ kombiniert, dennoch ohne abgehoben exotisch zu sein, alles ist frisch und saisonal (die aktuelle Speisekarte findet sich auf der Website). Laut Küchenchef lautet die Philosophie des Hauses: „Die Küche bringt Vertrautes ohne zu langweilen und sie bringt Überraschendes, ohne zu schockieren.
Ein Blick auf die Karte zeigt, was das bedeutet. So gibt es: Als Vorspeisen zum Beispiel Kaninchen-Zitronen-Basilikum-Salat mit gebackenem Spargel und wilden Kräutern, Sardinen-Tomaten-Terrine mit confiertem jungen Knoblauch und Löwenzahn. Typische Hauptgerichte sehen so aus: Schulter vom Havelländer Apfelschwein mit Parpadelle, Morcheln, Birnenchutney und Orangenpfeffer.
Vegetarische Gerichte gibt es auch: Bärlauch-Gnocchi mit gebratenem Kremmener Spargel, confierten Tomaten und Belper Knolle.
Und danach etwas Süßes? Wie klingt: Rhabarber-Tarte mit Marzipan-Mousse und Himbeer-Frischkäse-Schaum, Creme Brûlée, Flan au Chocolat mit Erdbeer-Limetten-Sorbet oder Käseteller mit hausgemachtem Chutney, Nussbrot und Salzbutter?
Nun denn. Es macht tatsächlich Spaß in der herrschaftlichen, tennisplatzgroßen Orangerie zu essen, dabei in den hübschen Schlosspark zu blicken und das Essen zu genießen. Wir sind keine Fans überteuerter und überdrehter Sterneküche, das ist uns zu dekadent und das formale Gehabe statusbewusster Menschen in diesen Läden nervt gewaltig. Aber in Groß-Ziethen passen das Ambiente, die Gelassenheit und die Offenheit des Hauses sowie das besondere regionale Essen gut zusammen. Nichts ist überkandidelt, niemand steif. Alles hat eine gewisse Bodenständigkeit. Und auch wer von euch hier nicht essen möchte, kann sich bei gutem Wetter einfach in den Park setzen, ein spannendes Buch lesen und später auf der Terrasse einen Kaffee oder Rotwein trinken. So geht das Brandenburgische Savoir vivre.
Der Park des Schlosses wurde übrigens schon vor Jahrhunderten von den adeligen Besitzern angelegt, im 18. Jahrhun-

dert dann mehrfach umgestaltet und in mehreren Phasen über die letzten 200 Jahre von einem landwirtschaftlichen Nutzgarten und Bleichplatz zu einem romantischen Landschaftspark umgestaltet. Die am Park beginnende Kastanienallee („Hochzeitsallee") war Teil der alten Landstraße nach Spandau. Bestimmend für den Park sind der alte Baumbestand aus Linden, Eichen und Birken. Um Lücken zu schließen wurden u.a. als Solitäre Blutbuchen, Pyramidenbuchen und Mammutbäume nachgepflanzt.

Ab und an gibt es Konzerte, im Herbst (Oktober) ist die Kranichsaison: Zehntausende der Vögel ziehen von Skandinavien nach Afrika und machen hier Zwischenstopp. Sie zu beobachten und zu belauschen ist eine große Naturmeditation. Hunde sind im Haus übrigens erlaubt, wenn sie dem Schlosshund, einem Riesenschnauzer, nichts tun.

ANREISE:
Schloss Ziethen
Alte Dorfstraße 33, 16766 Kremmen OT Groß Ziethen

Mit der Bahn: RE5/RB12/RB20 oder mit der S-Bahn von Berlin aus nach Oranienburg, anschließend umsteigen in Bus 800 nach Groß Ziethen (OHV), Kremmen (Richtung Flatow, Kremmen).

EINTRITT/KOSTEN:
Mahlzeiten zwischen 30-60 €

LINKS:
Schloss Ziethen: www.schlossziethen.de

BESTES ESSEN

19

BRANDENBURG AN DER HAVEL

FRISCHER FISCH MUSS AUF DEN TISCH!

Elbe, Oder und Havel sowie die über 3000 Seen machen Brandenburg zu einem der wasserreichsten Bundesländer Deutschlands – und somit zu einem Paradies für Angler. Nicht ohne Stolz verweist der Ministerpräsident darauf, dass „Angeln in Brandenburg längst ein Breitensport für Jung und Alt" geworden sei. Angeln entspannt und füllt den Magen. Die perfekte Kombination also, um einen Tag – oder auch eine Nacht – am Wasser zu verbringen.

Bevor du dich in die Fluten schmeißt und deine Kräfte in Ernest-Hemingway-Manier mit Schwertfischen – okay, Forellen und Barschen – messen kannst, müssen ein paar Vorbereitungen getroffen werden. Natürlich brauchst du die richtige Ausrüstung: Ohne Angelrute und Köder kein Fisch. Wichtig ist aber auch, dass du beim Angeln einige notwendige Dokumente dabei hast. Möchtest du ausschließlich Friedfisch wie Forellen, Barsche oder Karpfen fangen, benötigst du nur eine Angelkarte für das jeweilige Gewässer sowie eine Nachweiskarte über die Zahlung der Fischereiabgabe. Denn jeder, der in Brandenburg angelt, muss eine Fischereiabgabe von 12 € im Jahr zahlen. Kinder und Jugendliche zwischen 8 und 18 Jahren zahlen nur 2,50 € pro Jahr. Kinder unter 8 Jahren dürfen gar nicht alleine angeln. Die Nachweiskarte erhältst du z. B. in allen Angelfachgeschäften. Wenn du auch Raubfische an der Angel haben möchtest, benötigst du einen Fischereischein (einmalige Ausstellungsgebühr 25 €) und musst eine Anglerprüfung bestehen. Hier musst du nachweisen, dass du „waid- und tierschutzgerecht" angeln kannst.

BESTES ESSEN

Das heißt, du kennst dich in Fischkunde und -hege aus, bist firm in der Pflege der Frischgewässer, kannst Fanggeräte ordentlich bedienen und weißt, wie gefangene Fische behandelt werden. Die Anglerprüfung wird von den Unteren Fischereibehörden an deinem Wohnort abgenommen.

Auf geht's zum Angeln! Wer noch nie geangelt hat, dem sei gesagt: Angeln kann frustrierend sein, wenn mal wieder nichts anbeißt. Wer einfach nur am See, mit Angelrute in der Hand, entspannen möchte, dem wird das vielleicht nichts ausmachen. Wer aber zu Hause versprochen hat, heute kommt Fisch auf den Tisch, der sollte lieber auf Nummer sicher gehen und sein Glück an einem See oder Teich mit ausreichendem Fischbestand versuchen.

Beste Voraussetzungen für einen ordentlichen Fang findest du im Angelpark Neue Mühle in der Nähe von Brandenburg an der Havel: Zwei Teiche mit einer Gesamtfläche von 33.000 m², in denen sich Karpfen, Lachsforellen, Barsche, Saiblinge und andere Fische tummeln. Auch Hechte mit einem Gewicht von bis zu 12 kg können gefangen werden. Für Gelegenheitsangler gibts die passenden Ruten zum Verleih. Köder können ebenfalls vor Ort erworben werden. Zusätzlich bietet der Anglerpark Gefrier- und Filetiermöglichkeiten sowie Räucherservice und -zubehör an. Die notwendige Angelkarte wird vor Angelbeginn am Eingang bezahlt. Der Preis für die Karte variiert je nachdem mit wie vielen Angeln du hantierst und wie lange du bleibst (Minimum 3 h). Von Frühjahr bis Herbst kostet die Karte z. B. für 4 h und eine Angel 14 €. Bist du mit zwei Angeln unterwegs und bleibst 6 h, kostet der Spaß 28 €. Alle Fische, die du fängst, kannst du ohne weitere Zuzahlung mit nach Hause nehmen. Damit die beiden Teiche nicht überfischt werden, gibt es zwei weitere Teiche, in denen neue Fische herangezogen werden. Alle Teiche sind durch die Buckau — ein Nebenfluss der Havel — miteinander verbunden. Sie werden dadurch mit ausreichend Sauerstoff versorgt und haben in den Sommermonaten eine niedrige Wassertemperatur. So fühlen sich die Fische am wohlsten.

Wenn dir ein ganzer Tag nicht reicht, dann bleib über Nacht.

Nachtangeln ist ein besonderes Erlebnis. Nicht nur beißen Fische in der Dämmerung und in der Nacht besonders gerne an – speziell nachtaktive Fische machen sich dann auf Nahrungssuche und sehen im Köder eine unwiderstehliche Verlockung. Auch atmosphärisch ist es einmalig, einsam am See zu sitzen und der Stille bei untergehender Sonne zu lauschen. Im Anglerpark kann für die Nacht eine extra bereitgestellte Fischerhütte angemietet werden, die mit Strom, Licht, einer Heizung, einem Gefrierschrank sowie zwei Einzelbetten ausgestattet ist.

Doch was machst du, wenn trotz der guten Bedingungen kein Fisch anbeißt? Dann gehst du ins benachbarte Restaurant der Neuen Mühle und bestellst die Räucherfischplatte. Ab und an können auch andere die Arbeit für dich machen. Petri Heil!

ANREISE:
Anglerpark Neue Mühle
Neue Mühle 3, 14776 Brandenburg an der Havel

Mit öffentlichen Verkehrsmitteln nur schwer zu erreichen.

EINTRITT/KOSTEN:
Anglerkarte: 4h/1 Rute: 15 € (Oktober-März)
Anglerkarte: 4h/2 Ruten: 20 € (Oktober-März)
Anglerkarte: 8h/1 Rute: 20 € (Oktober-März)
Anglerkarte: 3h/1 Rute: 14 € (März-Oktober)
Anglerkarte: 3h/1 Rute: 14 € (März-Oktober)
Nachtangeln: 14-8 Uhr/2 Ruten: 35 € (Oktober-März)

LINKS:
Anglerpark Neue Mühle: www.angelpark-neue-muehle.de
Ministerium für Ländliche Entwicklung, Umwelt und Landwirtschaft: Hier findest du wichtige Informationen zum Thema Angeln in Brandenburg:
www.mlul.brandenburg.de

BESTES ESSEN

BRANDENBURGWEIT

DIE BESTEN HOFLÄDEN

Gutes Essen ist frisches Essen, am besten direkt vom Erzeuger oder noch besser: beim Erzeuger. Wir haben uns deshalb die Hofläden verschiedener Biohöfe und kleinen bis kleineren Manufakturen im Land angeschaut und die besten für euch rausgesucht. Jeder Hofladen ist einen Tagesausflug wert.

Gut Boltenhof in Fürstenberg/Havel
Seitens des Hofes heißt es: „Um zu uns zu gelangen, müssen Sie nur der Straße folgen, die aussieht, als würde nach der nächsten Kurve das Ende der Welt kommen. Dort wartet jedoch der Beginn einer unvergesslichen Zeit auf Sie." Nun denn, enttäuscht waren wir nicht, im Gegenteil. Ein lohnenswerter Ausflug zu lokalen Köstlichkeiten, die im Bistro & Café gereicht werden. Im Hofladen gibt's unter anderem kann man frische Eier von unseren frei umherlaufenden Hofhühnern und Fleisch von unseren Bio-Rindern erwerben oder sich an unseren selbst gekochten Marmeladen, Suppen oder Soßen erfreuen.
Lindenallee 14, 16798 Boltenhof,
www.gutboltenhof.de

Eichhorn-Hof
Gemischtbetrieb mit 220 Mutterschafen, Gemüseanbau, Kräuter- und Obstanbau. Im Hofladen gibt es das gesamte Angebot des Hofes. Und wem es dort besonders gefällt: Ferienwohnung und Ferienzimmer kann man auch buchen.
Dorfstraße 22, 16321 Rüdnitz
www.eichhorn-hof.de

BESTES ESSEN

Ökodorf Brodowin
Brodowin ist der Klassiker unter den Hofläden und bietet (gerade auch mit Kindern) einiges an Programm. Das Ökodorf ist einer der größten deutschen Demeter-Höfe. Besonders spannend: die Milchkuhherde, deren Milch in der hofeigenen Schaumolkerei verarbeitet wird. Der Hofladen befindet sich direkt neben der modernen Schaumolkerei und ist die erste Anlaufstelle für Besucher des Ökodorfs Brodowin. Von hier aus können Gäste den Demeter-Betrieb und das Dorf Brodowin entdecken. In den Sommermonaten starten hier die Betriebsführungen. Im Innenhof hinter dem Hofladen kann bei gutem Wetter gut sitzen, Leckeres aus dem Hofladen essen und schauen, was so passiert. Highlight für Kinder sind übrigens die Kälbchen.
Dorfstraße 89, 16230 Chorin
www.brodowin.de

Hof Marienhöhe
Marienhöhe ist der älteste Ökohof in Deutschland, ein Reformprojekt der 1920er-Jahre. Hier lebt und arbeitet eine Gemeinschaft und verkauft seine Produkte im kleinen Hofladen, der allerdings nicht jeden Tag offen ist (vorher auf Website die Öffnungszeiten checken). Allgemeine Hofführungen finden von Mai bis Oktober an jedem letzten Samstag eines Monats statt.
Marienhöhe 3, 15526 Bad Saarow
www.hofmarienhoehe.de

Erlenhof im Oderbruch
Auf dem Erlenhof dreht sich fast alles Rund ums Schaf. Im Lädchen werden Wolle, Socken, Schafmilchseife, Schäfchen als Motiv in unterschiedlichster Formen, vom Plüschtier bis hin zur Deko sowie Schafskäse (saisonal), Fleisch und Wurst dargeboten. Aber auch leckeren Kuchen & Kaffee zum Kaffeeklatsch oder im Sommercafé gibt es.
Kienitzer Oderstr. 51, 15324 Letschin, OT Kienitz Nord
www.erlenhof-im-oderbruch.de

Gut Temmen in der Uckermark
Landschaftlich wirklich wunderschön gelegen wird auf dem Gut vor allem artgerechte Viehwirtschaft betrieben. Die eigenen Produkte, Wurst- und Käse, werden im stilvollen Hofladen verkauft. Schöne Ferienwohnungen.
Lindenallee 3a, 17268 Temmen-Ringenwalde
www.gut-temmen.de

Gut Hersterberg bei Neuruppin
Das Gut ist in den 1990er-Jahren erst errichtet worden und ist ein Familienunternehmen mit rund 90 Mitarbeitern. Hauptprodukt: Fleisch, das nach alten Rezepten ohne Zusatzstoffe und natürlichen Gewürzen hergestellt wird. Rinder, Gänse und Hühner werden artgerecht gehalten, was man sich auch anschauen kann. Ein Restaurant und Gutsladen warten auf euch. Auf dem Gut gibt es diverse Events – das kann manchem auch zu trubelig sein. Am besten auf der Website checken, was auf dem Gutshof ansteht.
Gutsallee 1, 16818 Neuruppin-Lichtenberg
www.guthesterberg.de

Hofladen Mühle Tornow
Im ehemaligen Getreidespeicher der Mühle befindet sich der Hofladen. Hier werden frisches Obst und Gemüse sowie Wurstspezialitäten, Honig, Käse und Kräuter aus der Region angeboten. Der Hofladen - sowie das Restaurant und die Pension - der Mühle Tornow bietet sich wunderbar als Ausgangspunkt für Wanderungen und Ausflüge im Ruppiner Land an.
Neue Straße 1, 16798 Fürstenberg / Havel, OT Tornow
muehle-tornow.de

BESTES ESSEN

MYSTISCHE ORTE

In Brandenburg gibt es mystische Orte. Orte, die uns seltsamerweise Kraft und Energie geben, aber auch welche, denen Böses und Gespenstisches nachgesagt wird. Andere wiederum wurden vor Jahrhunderten als Pilgerorte heimgesucht. Wir haben solche Orte besucht und nach guten und bösen Geistern Ausschau gehalten.

21

REITWEIN

AM SPORN IM ÜBERGANG ZUM HIMMEL

Auf in die Natur, Kraft tanken! Das kennen wir alle. Wir machen uns auf zu außergewöhnlichen Orten: Mit Ausblick, am See, mit besonderem Charme und Energie. Manchmal kann man es gar nicht genau sagen, weshalb wir einen Ort da draußen so angenehm finden. Aber es gibt diese Kraftorte, die eine spürbare Energie ausstrahlen. So wie der Reitweiner Burgwall, ein Plateau im Oderbruch, das eine Startrampe in den Himmel ist...

Das ganze Gerede über Kraftorte kann man als Esoterik abtun. Ihr müsst nicht nach Reitwein. Aber selbst wenn ihr das alles für Esoterik haltet, müsst ihr euch eingestehen: An manchen Orten haben Menschen über tausende Jahre besondere Energien verspürt, haben sich dort niedergelassen und Kult- oder Opferplätze eingerichtet. Und wo man sich niederlässt, feiert und begräbt, ist selten nur ein Zufall gewesen. Unsere Vorfahren haben die Landschaften wesentlich besser gelesen als wir und hatten ihre Gründe, an bestimmten Orten zu leben oder zu sterben.

Kraftorte verbinden euch mit Mutter Natur, lösen Staunen, Freude, Harmonie, Entspannung aus. Es sind Orte mit dem Wow-Effekt: Hier weitet sich der Blick oder wird alles auf einen selbst gerichtet. Plateaus, Höhlen, Berge oder generell: besondere Konstellationen in der Natur können Kraftorte formen. Das kann jeder individuell anders empfinden. Aber in Brandenburg gibt es eine Reihe von Orten, die Menschen seit jeher als Kraftorte definiert haben. Es sind Opfer- und Kultplätze der Slawen, Orte, über die alte Sagen und Geschichten berichten. Wo sich eine solche Überlieferung von

MYSTISCHE ORTE

Naturphänomenen, Nachweise über archäologische Ausgrabungen und schriftlichen Quellen über die Ausstrahlung eines Ortes finden lassen, haben wir genauer hingeschaut.

An der markanten Hangkante des Reitweiner Sporns liegen, umgeben von zwei Erosionstälern und der steil abfallenden Hangkante, zwei große Plateaus, die uns in den Bann gezogen haben seitdem wir sie das erste Mal besucht haben: der Reitweiner Burgwall (auch „Wallberge" genannt). Seitdem kehren wir immer mal wieder dorthin zurück, vor allem, wenn man dem Himmel irgendwie nah sein will.

Fahrt zuerst nach Reitwein. In der Nähe der Ortskirche könntet ihr parken und loslaufen. Der Burgwall ist ausgeschildert und nur rund 2 km vom Ort entfernt. Nach einem leichten Anstieg lauft ihr immer gerade aus auf dem ca. 4 km langen Höhenzug, den Schildern zur „Schönen Aussicht" und dem „Burgwall" folgend. Prüft die „Schöne Aussicht", die einen tollen Blick ins Odertal freigibt – aber lauft auf jeden Fall weiter zum Burgwall, der unser eigentliches Ziel ist.

Über einen geschwungenen breiten Weg, vorbei am Nachtigallengrund, kommen wir zu dem vorgelagerten Plateau, laufen jedoch weiter zu dem zweiten Plateau, das vom ersten durch einen Wall getrennt wird. Der Wall, der beide Plateaus voneinander trennt, weist in der Mitte eine Einsenkung auf. Hier wird das Tor zur ersten Anlage vermutet.

Wir durchschreiten grüßend dieses imaginäre Tor und treten in eine quirlige kleine Slawensiedlung ein. An diesem Ort siedelten über Jahrhunderte Vorfahren von uns: die brandenburgischen Ureinwohner vom slawischen Stamm der Leubuzzi. Hier war kein Kultort, sondern Lebensraum, ein kleines Dorf, ein Ort des Lebens, bebaut mit Lehmhütten, die wohl eng an eng standen.

In der Erde des Plateaus am Rand des Reitweiner Sporns fanden sich bei archäologischen Ausgrabungen Hunderte Tierreste, Werkzeuge, Nahrungsreste, gebrannte Lehmreste, insgesamt Hinweise auf verschiedene Siedlungsschichten, die im 10. Jahrhundert enden. Danach gab es wahrscheinlich keine weiteren Bewohner auf den Plateaus. Die Besiedlung hörte auf wegen Krieg, Vertreibung durch die westwärts drängenden Polen. So blieb jedenfalls dieser Ort leer.

Aber wir finden, dass das Plateau nicht wegen der Geschichte so fasziniert. Es ist etwas anderes: Man ist hier dem Himmel so nah. Das Gelände ist wie eine Startrampe in den Himmel. Ihr müsst vom Burgwall in Richtung der rund 30 m steil abfallenden Hangkante rennen (und vorher bitte abstoppen) und dabei in den Himmel schauen, dann funktioniert es und ihr werdet wissen, was wir mit „Startrampe in den Himmel" meinen. Von dem zweiten Plateau aus habt ihr auf jeden Fall einen großartigen, erhabenen Blick ins Odertal. An der äußersten Stelle des Plateaus braucht es nur einige Schritte, um zu fliegen. Es ist ein faszinierender Übergang vom Land zur Luft, ein Landeplateau für Außerirdische oder der Startplatz für eure Fantasien. Dieser Ort macht schwerelos, lässt in die Weite des Odertals fliehen, nach oben in den Himmel.

Übrigens: Wer den Ausflug nach Reitwein mit einer kleinen Wanderung verbinden will: lauft vom Burgwall weiter in Richtung Wuhden, dort runter ins Tal laufen (siehe auch Ausschilderung), unterhalb der Hangkante des Sporns geht es dann zurück Richtung Reitwein. Insgesamt: 11 km.

ANREISE:
Kirche Reitwein
Hathenower Weg 4, 15328 Reitwein

Mit der Bahn: RB26 nach Küstrin-Kietz, dann umsteigen in Bus 969 nach Reitwein, Dorf (Richtung Bahnhof, Frankfurt/Oder). Achtung, Bus fährt nicht täglich.

EINTRITT/KOSTEN:
Kein Eintritt

BUCHTIPP:
Rainer Schulz, Der slawische Burgwall bei Reitwein, Kreis Seelow, in: Berlin und Umgebung. Stuttgart 1991.

MYSTISCHE ORTE

TEUFELSSEE AM RAVENSBERG

VON GRÄSSLICHEN NIE GEHÖRTEN TÖNEN UND MUTIGEN BESCHWÖRERN

Neben den Kraftorten, die uns Energie geben, finden sich in Brandenburg auch die Energiefresserorte: Schwarze Löcher und Teufelsseen, verhexte Wälder und gespenstische Areale. Der Volksmund kannte diese Orte ganz genau. Teils haben die Geschichten eine jahrhundertealte Tradition, teils sind sie erst in der Neuzeit entstanden. Auf jeden Fall bieten sie die Begleitmusik für Expeditionen mit Gruselfaktor. Wir haben das Grauen gelernt am Teufelssee zum Fuße des Ravensberges.

Bei den Gruselorten im Land ist es wie bei den Kraftorten: Es gibt Flecken, die besonders dunkel und unheimlich sind. Orte, die alle Energie zu schlucken scheinen. Einer dieser sagenumwobenen Orte ist der Teufelssee am Ravensberg, südwestlich von Potsdam. Was dort passierte und was man um Mitternacht dreimal über den See rufen solle, um Kontakt mit dem Teufel aufzunehmen, beschreibt eine alte Sage:

Im See, von dem man sich fernhalten solle, lebe nur eine eigene Art schwarzer Fische, nie lasse sich ein Vogel auf seine Oberfläche nieder, und nur Raubtiere stillten ihren Durst mit seinem Wasser. Wo jetzt der See ist, soll vor alten Zeiten ein Götzenbild gestanden haben, zu dem auch nach der Bekehrung der Wenden durch das Schwert Heinrich des Voglers zum Christentum noch lange Zeit seine Verehrer aus der Umgebung herbeikamen, um ihre Opfer zu bringen und seine Gunst zu erbitten. Der Teufel aber hat das Götzenbild davongetragen und das seine an die Stelle gesetzt. Da nun die Wenden nur des Nachts bei Mondschein zum Opfern gekommen sind, haben sie den Tausch nicht bemerkt, und der Teufel hat sich lange Zeit sehr darüber gefreut, dass man ihn anbetete. Das eine oder andere Wunder tat er, um den Glauben zu festigen, so dass sich der Ruf des Götzenbildes am Ravensberg immer weiter verbreitete und von nah und fern zahlreiche Wallfahrten im geheimen dahin gemacht wurden; die dann des Nachts bei Fackelschein und hoch lodernden Feuern die alten heidnischen Feste in dem abgelegenen Tal begingen. Vertreter der Kirche, die dem Spuk ein Ende bereiten wollten, wurden verschreckt durch grässliche Töne und geistverwirrende Erscheinungen, wenn man sie nicht gleich am nächsten Morgen zerrissen und entstellt auf den Kreuzwegen fand. So verzweifelt soll der Bischof von Brandenburg gewesen sein, dass er sogar einen berühmten Geisterbanner und Teufelsbeschwörer aus Italien kommen ließ.

Kaum begann der Geisterbanner mit dumpfem Ton seine Beschwörung, da senkte sich eine dunkle Wetterwolke in das Tal herab. Aus der Wolke blitzte es Strahl auf Strahl, und der Donner schmetterte ohne Aufhören, während der Regen prasselnd von allen Seiten niederrauschte. Durch das Toben der Elemente aber hörte man in Zwischenräumen die Beschwörungsformeln des Mönches, der sich nicht einen Augenblick in seiner Handlung stören ließ. Nach einiger Zeit rollten sich die Wolken wie mächtige Ballen an den Talwänden in die Höhe und wölbten sich gleich einer Kuppel über dem Grund; die sinkende Sonne warf ihre Strahlen gegen dieselbe, die mit einem so gelben Licht zurückgeworfen wurden, dass der ganze Raum in gelbgrünem Feuer zu brennen schien.

Die geblendeten Menschen bebten und schirmten ihre Augen vor dem grellen Licht; der bleiche Mönch jedoch erhob lauter seine Stimme, und die geheimnisvollen Worte hallten durch den Wald wie durch die Säulen einer Kirche. Dann ergriff er das Kruzifix und den Weihwedel und näherte sich dem Kreis; nun erschollen von allen Seiten, aus der Erde und aus der Höhe, so grässliche und nie gehörte Töne, und es brauste, rauschte, pfiff und heulte so grausig, dass alle niedersanken und ihre Häupter verbargen. Der fremde Mönch aber ging laut betend dem Kreis näher. Da wurde es plötzlich tiefe, finstre Nacht, dann schmetterte ein heller Blitzstrahl dicht vor dem Mönche nieder in den Kreis — der aber schritt festen Fußes weiter, die Hände hoch aufgehoben, in der einen das Christusbild, in der andern das geweihte Wasser, gewaltig ausrufend die zwingende Beschwörung. Schon berührte sein Fuß den Kreis, da barst in diesem die Erde gähnend auf, das Teufelsbild sank unter in die Tiefe, aus der ein erstickender Brodem emporstieg, und der dunkle schweigende See füllte seit der Zeit den Boden des Tals. Wer aber später unheimlichen Verkehr mit dem Bösen hat pflegen wollen, der brauchte nur hinauszugehen an den See um die Mitternachtsstunde und seinen Namen dreimal über das Wasser hin zu rufen.

Und wer dann doch Angst bekommt: Man kann sich gegen das Böse mit Kreuzen oder einer aktuellen Ausgabe der Bibel schützen. Oder man hält es mit Luther: Der meinte, auch mit einem Furz den Teufel vertreiben zu können; das Schmutzige im Menschen könne zur Waffe gegen das Böse angewendet werden. Gleiches solle mit Gleichem bekämpft werden.

Die Tour lässt sich gut von Potsdam Hbf machen, von dort die Albert-Einstein-Straße Richtung Einstein-Turm laufen, die Ravensberge hoch und runter. Zu Fuße des Großen Ravensberges liegt der Teufelssee. Hin und zurück: ca. 12 km.

ANREISE:
Teufelssee
Caputher Heuweg, 14478 Potsdam

Mit der Bahn: RE1 bis Potsdam Hbf

EINTRITT/KOSTEN:
kein Eintritt

BUCHTIPP:
Gisela Griepentrog (Hg.), Brandenburgische Sagen, Berlin 2014.

MYSTISCHE ORTE

BAD WILSNACK

CHRISTI WUNDERBLUT UND DAS WALLFAHREN

Als im 14. Jahrhundert nach einem Brand in den Trümmern der Bad Wilsnacker Kirche drei unversehrte Hostien gefunden wurden, war eine Legende geboren. Bis ins 16. Jahrhundert pilgerten hunderttausende in den brandenburgischen Ort und machten ihn im Mittelalter nach Jerusalem, Rom und Santiago de Compostela zu einem der wichtigsten Wallfahrtsorte des Christentums. Doch was hat es auf sich mit dem Wallfahren?

Ihr könnt nach Bad Wilsnack aus rein touristischen Gründen fahren. Ein nettes Städtchen in der Prignitz. Zwei Stunden kann man hier rumlaufen und gucken, dann hat man alles gesehen. Anschließend kann man in der örtlichen Salztherme relaxen, wenn euch das Spaßbadambiente dazu kommen lässt.

Wir waren dort, um einer großen Tradition auf die Spur zu kommen: Bad Wilsnack war bis Mitte des 16. Jahrhunderts einer der wichtigsten Wallfahrtsorte der Christen. 1383 war das ganze Dorf von Heinrich von Bülow zu Kersdorf eingeäschert worden. Hintergrund war ein Streit mit dem Bischof von Havelberg.

Als der damalige Priester in den Ruinen der später wiederaufgebauten St. Nikolaikirche drei unversehrte Hostien fand, war das schon eine große Entdeckung. Dass diese Hostien mit Blut besprengt waren, galt als Offenbarung. Die Hostien sind im christlichen Verständnis der Laib Christi. Wenn sie mit seinem Blut besprengt waren, dann knüpfte diese Erzählung an weitere grundsätzliche Symboliken an. Mit dem Blutbild verbindet sich im Christentum das Leiden Christi, der für die Menschheit blutend am Kreuz starb, um sie zu erlösen. Letztlich steht dahinter die Vereinigung mit Gott, der den Menschen ihre Sünden vergibt. In dieser Bedeutung wird das Blut Christi bei der Eucharistie als Zeichen der Erneuerung des Bundes mit Gott und der Vergebung der Sünden getrunken.

Bis 1552 pilgerten hunderttausende Gläubige aus den deutschen Ländern nach Wilsnack. Das Wallfahren (wallen = in eine bestimmte Richtung ziehen) gehört bis heute zu den wichtigen spirituellen Erlebnissen gläubiger Menschen. Pilgern und Wallfahren bedeutet im christlichen Verständnis, sich auf die Grundlagen des Menschseins zu besinnen, völlig „auf-zu-gehen" auf seinem Weg: im Rhythmus des Gehens, in der Sinnlichkeit der Natur und der mystischen Aura der Kirchen und Klöster, die am Ende der Wallfahrt stehen. Die Wallfahrt führt zu einem bestimmten Ort, der Weg dorthin ist schon Teil der Praxis, doch geht es vor allem um den Weg zu sich selbst. Vielfach wird das Wallfahren deshalb mit konkreten Bitten und Zielen der Menschen verbunden.

Selbst wer nicht gläubig ist, kann wallfahren. Wer den mittelalterlichen Wallfahrern nachahmen will, macht es originalgetreu: Start von der Marienkirche in Berlin-Mitte, über Linum, Fehrbellin, Neustadt (Dosse) bis nach Wilsnack – das war der Pilgerweg Berlin-Wilsnack, einer der ehemals wichtigsten Pilgerwege Nordeuropas. 141 km werdet ihr da unterwegs sein. Wenn ihr pro Tag ca. 20 km schafft, braucht ihr eine Woche, um anzukommen. Mit dem Fahrrad sind es 2-3 Tage (zu empfehlen dafür: Rainer Oefelein, Auf den Spuren des mittelalterlichen Pilgerweges Berlin-Wilsnack, Outdoor Handbuch Band 189, Conrad Stein Verlag).

Am besten ihr macht euch da alleine auf den Weg, schweigt, kehrt in euch, betrachtet die Natur, denkt nach. Im christlichen Verständnis sind solche Exerzitien natürlich immer mit einem Ablass verbunden gewesen. Dem müsst ihr nicht „nacheifern", aber irgendwie hat es trotzdem was von einem Ablass, wenn man sich auf den Weg gemacht hat, sich anstrengt, teils auch leidet, überwindet und durchhält. Die Belohnung am Ende ist immerhin die weltliche Erfahrung, seine Grenzen weiter erkundet zu haben.

So plötzlich wie Wilsnack zum Pilgerziel geworden war, so schnell versank es nach 170 Jahren auch wieder in der Versenkung nachdem die Reformation begann um sich zu greifen. 1552 verbrannte der evangelische Pfarrer der Kirche, Joachim Ellefeld, die Reste der Hostien, die – wie man schon rund hundert Jahre zuvor festgestellt hatte – eh nur noch aus Krümeln und Spinnenweben bestanden. Für die Reformatoren alles nur Götzenverehrung und so endete hier die Tradition der Wallfahrt.

Die St. Nikolaikirche steht immer noch. Sie könnt ihr besuchen. In einem Seitenflügel steht die Wunderblutkapelle. Die Wunderblutkapelle birgt das bedeutendste Kunstwerk der St. Nikolaikirche, einen Schrein aus der Mitte des 15. Jahrhunderts. Die Türen des Schreins zeigen verschiedene christliche Motive. Die Kirche selbst wird noch genutzt, ist aber gleichzeitig auch Ausstellungsraum und Museum. Und vielleicht bekommt ihr ein Gefühl davon, wieso hier in den Trümmern dieser Kirche einmal die wundersamen Bluthostien gefunden worden sind.

ANREISE:
Bahnhof Bad Wilsnack
Bahnhof 1, 19336 Bad Wilsnack

Mit der Bahn: RE2 nach Bad Wilsnack

EINTRITT/KOSTEN:
Kein Eintritt

LINKS:
Stadtinformation Bad Wilsnack: www.bad-wilsnack.de

MYSTISCHE ORTE

ANDERS LEBEN

....

Stell deinen bisherigen Lebensstil in Frage. Vielleicht gibt es auch andere Möglichkeiten zu Leben, zu lieben und zu konsumieren. Wir geben dir im folgenden Kapitel ein paar Denkanstöße. Besuche das Zentrum für experimentelle Gesellschaftsgestaltung. Unterstütze die regionale Landwirtschaft mit deiner eigenen Hände Arbeit. Und denke über Gott und die Welt in einer Lebensgemeinschaft nach.

....

BAD BELZIG

DAS ZENTRUM FÜR EXPERIMENTELLE GESELLSCHAFTSGESTALTUNG

In einer Gemeinschaft zu leben, ist für manche mit wilden Gedanken verbunden – von Freiheit, Sex, Regellosigkeit. Die Wirklichkeit sieht anders aus und den meisten, die sich in Gemeinschaften organisieren, geht es um die komplexere Frage, wie man sich heute „besser" zusammen organisieren kann. Was brauchen wir, um in dieser Welt zu sein, was können wir anderen geben, welchen Herausforderungen können wir uns stellen? Zentrale Fragen, die das Zentrum für experimentelle Gesellschaftsgestaltung versucht zu beantworten und damit ein Ort der Inspiration geworden ist.

Den Lebens- und Lernort ZEGG gestalten rund 100 Menschen, die gemeinschaftlich einen Lebensraum in der Natur, die Infrastruktur und das soziale Leben kreativ, kooperativ und nach ökologischen Maßstäben selbst gestalten. Seit Anfang der 1990er-Jahre gibt es das ZEGG, das das Gelände eines ehemaligen FDGB-Ferienlagers kaufte. Anfangs kritisch beäugt, ist dem ZEGG mittlerweile die Gemeinnützigkeit zuerkannt worden.

Sonntags finden Führungen auf dem Gelände statt (Treffpunkt an der „Dorfkneipe") und gewähren einen ersten Einblick in diese Welt: einem rund 15 Hektar großem Gelände mit einem aufgeräumten „Herzplatz" und einer Dorfkneipe, Obst- und Gemüsegärten, Bienen, vielen Rückzugsnischen, Häusern, Gästen, Kindern und Alten...

Die meisten Fragen an dem Nachmittag, an dem wir dort waren, bezogen sich darauf, wie man sich mit über 100

ANDERS LEBEN

Menschen und Gästen des gemeinnützigen Bildungs- und Seminarzentrums, von dem die Gemeinschaft zum großen Teil lebt, organisiert? Soziokratie heißt die Antwort – die Gemeinschaft entscheidet. Ihre Mitglieder kommen jede Woche zusammen.

Über die meisten Themen wird in den jeweiligen Kreisen mit ihren Zuständigkeiten entschieden. Aber bei wichtigen sozialen und strategischen Fragen dürfen alle Interessierten der Gemeinschaft abstimmen. Das ist eine Herausforderung und setzt aktive Teilnahme und Lust voraus, sich mit anderen über die bestmöglichen Lösungen auseinanderzusetzen.

Das bedeutet auch: Man kann „der Gemeinschaft" nicht sein Leben überlassen, sich also quasi in den Schoß der anderen begeben.

Der interessante Punkt an diesem Nachmittag ist: Gemeinschaft heißt, seine eigene Individualität zu stärken, und in die Gemeinschaft einzubringen. Nicht Verantwortung abzugeben, ist die Devise, sondern zu übernehmen, bewusst die Gemeinschaft zu gestalten und aktiv Wünsche und Bedürfnisse von sich und den anderen umzusetzen.

Die Gründer der Kommune stammen aus der westdeutschen Studentenbewegung und waren 68er. Das revolutionäre Potential hat sich über die Jahrzehnte aufgebraucht. „Die Welt revolutioniert sich auch alleine, wir können nur helfen unseren Beitrag zu leisten", erzählt uns unsere Begleiterin. Auch auf der Website heißt es lediglich: „Seit mehr als 25 Jahren entwickeln wir eine Lebensweise, in der Verbundenheit unter Menschen, mit der Natur und dem großen Ganzen spürbar wird. Mit unserem sozialen Experiment sind wir ein Beitrag zum Wandel in der Welt."

Einer der thematischen Schwerpunkte liegt dabei im Lernen und Vertiefen einer liebenden Beziehung zu anderen. Die Menschen des ZEGG wollen experimentieren. Liebe zu anderen muss nicht in alten Konventionen stattfinden. Diese Bereitschaft, zu hinterfragen, wie wir lieben, hat dem ZEGG auch Kritik eingebracht.

Und viele mögen bei den Seminarthemen über das Entdecken des Mannseins, die Liebesakademie und tantrische Workshops lächeln. Aber bleiben wir ernst: Für wen wäre es nicht das wichtigste Thema im Leben anerkannt, geliebt und liebend zu sein?

Wer das nicht kitschig findet und zu diesen großen Gefühlen steht, oder sich zumindest einmal dieser Gedankenwelt nähern möchte, hat im ZEGG verschiedene Möglichkeiten, mehr zu erfahren. Neben den Sonntagsführungen als erster Kontaktaufnahme können Workshops, Seminare, Festivals und Camps besucht werden. Auch kann man mitarbeiten und längere Zeit bleiben. Am Ende vielleicht dort wohnen? Schaut selbst, was euch dieser Ort gibt...

ANREISE:
ZEGG Bildungszentrum gGmbH
Zentrum für Experimentelle Gesellschafts-Gestaltung
Rosa-Luxemburg-Str. 89, 14806 Bad Belzig

Mit der Bahn: RE7 nach Bad Belzig, anschließend umsteigen in Bus 590 zum ZEGG (Samstag und Sonntag eingeschränkte Verkehrszeiten!)

EINTRITT/KOSTEN:
Sonntagsführungen sind kostenlos
Unterkunft im Gruppenschlafraum: 50 €/Nacht
(Unterkunft 25 € + Verpflegung 25 €)
Einzelzimmer-Zuschlag: 22 €/Nacht
Doppelzimmer-Zuschlag: 14 €/Nacht
Bettzeug: 2 €, Bettwäsche: 5 €, Handtuch: 1 €

LINKS:
ZEGG Bildungszentrum: www.zegg.de

ANDERS LEBEN

25

BRANDENBURGWEIT

WWOOFEN IN BRANDENBURG

Du hast die Schreibtischarbeit satt? Meetings rauben dir den letzten Nerv? Du möchtest nicht tagein, tagaus am Computer sitzen und sogar am Wochenende deine Mails checken? In dir wächst das Verlangen, den sozialen Medien einfach mal den Mittelfinger zu zeigen? Okay! Dann mach doch mal zur Abwechslung was anderes und arbeite eine zeitlang auf einem Bauernhof und lerne ein naturverbundenes Leben abseits großstädtischer Verpflichtungen kennen. WWOOF heißt das Zauberwort!

Um sieben Uhr beginnt dein Tag. Du kriechst aus dem Bett, die Arbeit von gestern steckt dir noch in den Knochen. Krümmst Du deine Finger, kannst du den Spaten, mit dem du am vorherigen Tag haufenweise Erde ausgehoben hast, um Drainagen für den Gemüsegarten anzulegen, noch fühlen. Heute wartet der Kartoffelacker – und der will für die im Frühjahr bevorstehende Aussaat komplett umgegraben und mit Pferdemist angereichert werden.

Ach ja, dein Rücken hat sich auch schon mal besser angefühlt. Und seltsamerweise geht es dir trotzdem gut. Du hast mit deinen eigenen Händen gearbeitet, deine Klamotten waren dreckig, dein Kopf dafür frei. Du bist beseelt vom Landleben. Der nächste WWOOF-Tag kann kommen!

Die Möglichkeit, für eine kurze Zeit in kleinbäuerlichen Betrieben zu leben und zu arbeiten, sich in der ökologisch nachhaltigen Landwirtschaft auszuprobieren und die Selbstversorgung auf dem Land kennenzulernen, verdanken viele Menschen dem WWOOFen. WWOOF steht für World-Wide

ANDERS LEBEN

Opportunities On Organic Farms, einem Netzwerk, das Freiwillige aus allen Ländern der Welt zusammenbringt, um Erfahrungen in einer alternativen Arbeits- und Lebenswelt zu sammeln und zu teilen. Backpacker kennen das WWOOFen vor allem aus Australien und Neuseeland, wo die Arbeit auf dem Land eine gute Alternative zum wilden Partyleben in den Hostels ist. Aber auch in Deutschland gibt es das WWOOFen seit mittlerweile 30 Jahren.

Etwa 500 Höfe sind hier registriert, davon allein knapp 60 in Brandenburg. Das Prinzip ist einfach: Du packst auf einem Hof beim Unkraut jäten, Ernten oder der Versorgung der Tiere mit an und erhältst im Gegenzug Unterkunft und Verpflegung. Ebenso wichtig sind die vielen wertvollen Erfahrungen, die du bei der Arbeit aber auch durch die Hofbesitzer, die dich in ihre Familie aufnehmen, sammelst.

So etwa bei Familie Matthias aus der Niederlausitz. Hier können WWOOFer seit 2011 lernen, was es heißt, ein Leben auf einem Selbstversorgerhof zu führen. „Viele Freiwillige staunen nicht schlecht, wenn sie merken, was alles auf unserem Kleinst-Hof für Arbeiten anfallen", sagt Barbara Matthias. „Wir pflanzen und ernten selbst, kümmern uns um die Tiere. Für die Heizung holen wir Holz aus dem Wald und räumen, wenn es sein muss und wir genug Helfer haben, sogar den Wald auf und bauen lustige Waldsofas", lacht Barbara Matthias. „Nur kochen, das mach ich meistens selbst".

Wichtig ist aber, dass alle gemeinsam essen. Denn die Integration in die Familie spielt bei Familie Matthias eine ebenso große Rolle wie die Arbeit. Die ersten 2-3 Tage dienen dem Kennenlernen der Tiere und der notwendigen Handgriffe. Dann gehts eigentlich erst so richtig los. Deswegen ist die gelernte Agraringenieurin auch skeptisch, wenn Freiwillige aus Berlin nur mal so eben für ein Wochenende auf dem Hof mithelfen wollen. „14 Tage sollten es schon mindestens sein." Ist man sich einig geworden, kann es auch schon losgehen: Frühstück gibts um sieben, gearbeitet wird je nach Bedarf und Erntezeit mal den ganzen, mal nur den halben Tag, geschlafen wird im Bauwagen. Wer dann noch Kraft und Muße hat, kann sich abseits der Landarbeit die eiszeitlich geprägten Landstriche der Lausitz zu Gemüte führen und den heutigen Bergbauzeugnissen der Region wie auch den Parklandschaften des Fürst Pückler einen Besuch abstatten.

Du bist neugierig geworden und möchtest das WWOOFen einmal ausprobieren? Kein Problem! Du kannst dich auf der Plattform von WWOOF-Deutschland über alle registrierten Höfe informieren. Dort erfährst du, welche Arbeiten auf dich warten und wo du untergebracht wirst. Wichtig außerdem: Die Aufenthaltsdauer wird ebenfalls vermerkt.

Manche Höfe bieten nur längere Aufenthalte an — also bis zu mehreren Monaten. Andere Höfe suchen Freiwillige auf Wochenbasis oder nur fürs Wochenende. Die Kontaktdaten der einzelnen Höfe erhältst du allerdings nur, wenn du Mitglied bei WWOOF-Deutschland bist. Mit dem Jahresbeitrag von 18 € werden dir alle Kontakte zu den Höfen freigeschaltet. Alles weitere musst du dann selbst in die Hand nehmen.

EINTRITT/KOSTEN:
Kost und Logis gegen Mithilfe auf dem Hof
WWOOF-Mitgliedsbeitrag: 18 € im Jahr (online-Account), 25 € (online-Account + Druckversion der gesamten Hofliste)

LINKS UND WEITERE INFOS:
Freiwillige Helfer/innen auf ökologischen Höfen e.V. (WWOOF-Deutschland)
Jan-Philipp Gutt
Mühle 32, 99752 Kleinbodungen
kontakt@wwoof.de
www.wwoof.de

ANDERS LEBEN

26

TEMPLIN-VIETMANNSDORF

GEMEINSAMES LANDWIRTSCHAFTEN IN DER UCKERMARK

Du hast es satt, passiver Konsument einer ausschließlich auf Profitmaximierung gepolten Agrarindustrie zu sein? Du möchtest die regionale, ökologisch nachhaltige Landwirtschaft in Brandenburg unterstützen, willst genau wissen, wo dein Gemüse herkommt und suchst den direkten Kontakt zum landwirtschaftlichen Betrieb? Selbst mit Anpacken, ist für dich kein Problem? Dann ist GeLa, SoLaWi oder CSA das Richtige für dich. Was dahinter steckt, erfährst du zum Beispiel auf dem Gärtnerhof Staudenmüller in der Uckermark.

In der Erntezeit herrscht auf dem Acker des Gärtnerhofs Staudenmüller geschäftiges Treiben. Viele Menschen helfen mit, die Ernte einzuholen, zu säubern und zu verpacken. Bei den fleißigen Erntehelfern handelt es sich aber nicht um Saisonarbeiter im klassischen Sinne, die gegen Bezahlung den Bauern unter die Arme greifen. Es sind sogenannte GeLa-Mitglieder, die gemeinsam auf dem Acker schuften. Moment mal. GeLa, was ist das? Darunter verstehen Ortrun Staude und Martin Müller, die Betreiber des Gärtnerhofs Staudenmüller, „Gemeinsames Landwirtschaften" – auch bekannt als „Solidarische Landwirtschaft" (SoLaWi) oder „Community Supported Agriculture" (CSA). Die Idee: Konsumenten und Produzenten landwirtschaftlicher Erzeugnisse arbeiten eng miteinander zusammen. So übernehmen die Konsumenten über einen bestimmten Zeitraum einen Teil der Produktionskosten des landwirtschaftlichen Betriebes. Das heißt, sie verpflichten sich, über einen monatlichen Festbetrag Gemüse vom Bauern abzunehmen. Für die Landwirte hat das den Vorteil, dass sie ihre Erzeugnisse nicht mehr auf herkömmliche Weise auf dem Marktplatz vertreiben müssen und dass sie das unternehmerische Risiko auf mehrere Schultern verteilen können. Was hast du als Verbraucher davon? Das ganze Jahr über regionales, saisonales und biologisch angebautes Gemüse. Im Juni etwa jede Woche 750 g Rhabarber, ½ Broccoli, zwei Frühlingszwiebeln, 1 Salatkopf, 1 Schale Erdbeeren, ½ kg Kartoffeln, 350 g grünen Spargel, ½ Bund Rucola und ½ Kohlrabi. Der Ernteertrag wird unter allen GeLa-Mitgliedern solidarisch geteilt. Kommt es zu wetterbedingten Ernteausfällen, erhalten alle weniger Gemüse. War es ein ertragreiches Jahr, kann auch mehr verteilt werden – aber immer nur soviel, wie du auch verbrauchst.

Das Konzept des „Gemeinsamen Landwirtschaftens" geht über alternative Vertriebswege und solidarische Kostendeckung hinaus. Auf dem Gärtnerhof Staudenmüller ist deine Mitarbeit nicht nur erwünscht, sondern auch erforderlich. Ortrun Staude und Martin Müller nennen das gemeinsame „Gartentage". Diese stehen in erster Linie in den arbeitsintensivsten Wochen im Mai und Juni sowie im Oktober und November an. Denn dann wird gejätet und geerntet. Aber auch außerhalb dieser Zeit sind GeLa-Mitglieder gern gesehene Gäste. Generell kann bei allen Tätigkeiten im Betrieb mit angepackt werden: auf dem Feld, auf dem Hof, im Gewächshaus, bei der Tierversorgung, bei Bauprojekten aber auch bei Verwaltungsaufgaben. „Die Verbraucher", so erklärt Martin Müller, „haben sehr viel mehr Aufwand. Sie müssen sich im Klaren darüber sein, worauf sie sich einlassen." Denn Einkaufen im Supermarkt ist definitiv bequemer. Legst du jedoch besonderen Wert auf eine bewusste Ernährung und suchst gleichzeitig den Kontakt zum Hof, ist das „Gemeinsame Landwirtschaften" genau das Richtige für dich. Willst du das Konzept der Solidarischen Landwirtschaft kennenlernen oder einfach nur mal ins Landleben reinschnuppern, kannst du auch als Nicht-Mitglied auf dem Hof mithelfen. Dafür am besten direkt beim Gärtnerhof anrufen oder per Mail nachfragen, ob es Kapazitäten zur Arbeitsanleitung gibt.

Um Mitglied zu werden, zahlst du im Monat 78 € an den Gärtnerhof Staudenmüller. Dafür erhältst du einen wöchentlichen Ernteanteil, der vom Hof zusammengestellt wird. Dieser Anteil deckt den Gemüsebedarf von 2-4 Erwachsenen. Geliefert wird in der Regel jede Woche – nur im Januar und Februar wird erntebedingt im 2-Wochen-Rhythmus geliefert. Bleibt die Frage, wo du deinen Ernteanteil herbekommst? Auch hierfür gibt es ein ausgeklügeltes System. Die GeLa-Mitglieder haben Verteilerstellen – hauptsächlich in Berlin – eingerichtet, an denen du immer an einem Tag in der Woche dein Gemüse abholen kannst. Mittlerweile gibt es auch in Eberswalde und Templin solche Verteilerstellen. Dein Gemüse ist garantiert frisch und hat maximal 100 km Transportweg auf dem Buckel. Glaub uns, so schmeckt Gemüse gleich doppelt gut.

Über das Netzwerk „Solidarische Landwirtschaft" kannst du dich über weitere Betriebe informieren, die SoLaWi betreiben.

ANREISE:
Gärtnerhof Staudenmüller
Askanische Str. 1, 17268 Templin-Vietmannsdorf

Mit der Bahn: RB12 bis Hammelspring (Richtung Templin). Die letzten Kilometer vom Bahnhof musst du entweder laufen, raddeln, trampen oder dich abholen lassen.

EINTRITT/KOSTEN:
Monatsbeitrag: 78 €

LINKS:
Solidarische Landwirtschaft: www.solidarische-landwirtschaft.org
Gärtnerhof Staudenmüller: www.gaertnerhof-staudenmueller.de

JOACHIMSTHAL

MITLEBEN IN EINER OFFENEN GEMEINSCHAFT

Inmitten des Biosphärenreservates Schorfheide-Chorin, am Rande der beschaulichen Stadt Joachimsthal wohnen und arbeiten sie gemeinsam, teilen das, was sie haben, und suchen nach Alternativen zur durchgetakteten Gesellschaft. In der Kommunität Grimnitz ist jeder willkommen, der nach Auszeit und Einkehr sucht und Gemeinschaft in verschiedenen Facetten erfahren will.

Es ist aber nicht nur die landschaftlich reizvolle Umgebung, die Stress und Hektik vergessen lassen, sondern es sind vor allem die offenen Herzen der Menschen hier, die diesen Ort zu einem Ort der Begegnung werden lassen. Wer das Einfache sucht, die Abgeschiedenheit und zugleich den Anschluss an eine Gemeinschaft, die sich in sozialen und ökologischen Bereichen engagiert, wird hier auf einen wahren Schatz treffen. Was vor rund 20 Jahren als Theologen-Selbsthilfegruppe begann, hat sich inzwischen zu einer Lebens- bzw. Weggemeinschaft gewandelt. 1997 hatten sich junge Absolventen des Predigerseminars in Berlin zusammengetan, denen keine Pfarrstelle angeboten werden konnte. Gemeinsam zogen sie nach Joachimsthal, um bibelorientiert zu leben, eine „vita communis" zu gründen – das ist keine Ordensgemeinschaft, sondern eine Glaubens-, Wohn- und Besitzgemeinschaft. Zunächst waren es nur ein halbes Dutzend Aktiver, weitere Unterstützer kamen hinzu. Von Anfang an wollte man offen für Neugierige sein: Einfach ausgestatteten Zimmer und Appartements auf dem Hof können für eine kleine Auszeit oder auch für einen längeren Zeitraum reserviert werden. Aber auch, wer nur einmal für

ANDERS LEBEN

einen Nachmittag schnuppern will, ist willkommen. Auf dem Gelände einer ehemaligen Oberförsterei leben derzeit sieben Kommunitäts-Mitglieder in einem Wohnhaus, das mit viel Eigenarbeit und Eigenmitteln denkmalgerecht renoviert und umgebaut wurde. Die Mitglieder der Lebensgemeinschaft engagieren sich ganz nach dem Motto: „Für Frieden durch Gerechtigkeit zur Bewahrung der Schöpfung, Spiritualität und soziale Kunst". Ein besonderes Anliegen ist die Arbeit mit Flüchtlingen und politisch Verfolgten. In enger Verbundenheit mit der örtlichen evangelischen Kirchengemeinde engagieren sie sich auch im Bereich des Kirchenasyls. Doch, was heißt es eigentlich, als Mitglied einer Kommunität, einer christlichen Lebensgemeinschaft, zu leben?

„Das heißt", so Claus-Dieter Schulze, der frühere Leiter des Predigerseminars in Berlin und seit Beginn Mitglied der Kommunität, „mitverantwortliche Geschwisterlichkeit zu leben und eine Aufgabe im Sinne eines WIR zu übernehmen". Jeder, der das Leben in einer Gemeinschaft mal kennenlernen will, der ist herzlich eingeladen, dies zu tun. Die Kommunität möchte ein Ort des Dialoges und der Begegnung sein, ein Ort, um zur Ruhe zu kommen und für den Einsatz für Gerechtigkeit und Frieden in der Welt neuen Mut und Atem zu schöpfen. In diesem Sinne werden auch stets neue Mitstreiter und Mitstreiterinnen vor Ort für das gemeinsame Leben und Arbeiten, wie auch ideelle und finanzielle Unterstützer und Unterstützerinnen, gesucht. Da die Kommunität Grimnitz im christlichen Glauben verortet ist, besteht für alle Mitglieder und Gäste das Angebot, an der zweimal täglich stattfindenden Andacht teilzunehmen, was aber keine Verpflichtung darstellt. Daneben gibt es künstlerische und spirituelle Angebote, aber auch Seminare zu politischen und religiösen Themen, die jedem nach Anmeldung offenstehen. Was es hier jedoch nicht gibt, sind feste Zeitpläne: Jeder, der in den Zimmern der Kommunität zu Gast ist und nicht gerade an einem Seminar teilnimmt, kann frei entscheiden, was er bzw. sie tun möchte. Das kann sein, den Mitgliedern der Kommunität bei der Gartenarbeit behilflich zu sein oder auch einen

Ausflug in die wunderschöne Natur zu unternehmen.
Der kleine Gutshof ist nicht offen für unangemeldete Gäste – das Haus ist eben auch privater Wohnraum.
Also wenn ihr diese Gemeinschaft besuchen wollt: Erkundigt euch auf der Website nach Veranstaltungen und anstehenden Terminen. Freitags von 15-17 Uhr könnt ihr aber auch einmal einfach so vorbeikommen. Dann hat das neue „Weltcafé" der Kommunität geöffnet und bietet Getränke, Essen und Kleinkram aus fairer Produktion und Handel.

ANREISE:
Kommunität Grimnitz e.V.
Grimnitzer Str. 11, 16247 Joachimsthal

Mit der Bahn: RE3/RE66/RB66 nach Eberswalde, anschließend umsteigen in RB 63 nach Joachimsthal. Vom Bahnhof Joachimsthal ist es zum Kommunitätshaus nur ein kurzer Fußweg, zunächst parallel zum Bahndamm und dann nach links über den Bahnübergang bis zur Grimnitzer Straße 11.

EINTRITT/KOSTEN:
keine Kosten

LINKS:
Schorfheide Joachimsthal: www.joachimsthal.de
Kommunität Grimnitz e.V: www.kommunitaet-grimnitz.de

ANDERS LEBEN

NATUR ERLEBEN

Geh doch mal an die frische Luft! Wenn du nicht allein unterwegs sein möchtest, dann nimm einen Esel mit. Erweitere deinen literarischen Horizont in Brandenburgs Wäldern. Oder schmeiß die Stiefel weg und wandel barfuß über den Fläming.

STOLZENHAGEN

PACKESELTOUREN DURCH DAS ODERTAL

Die geführte Wanderung mit Diplombiologin Sarah Fuchs zum Stolper Turm hat es in sich: Auf dem Programm steht ein 18 km langer Fußmarsch durch teils hügeliges Gelände. Die Sonne brennt, die Füße werden es ihr gleichtun. Ein Segen, dass dein gesamtes Gepäck von Sarahs Mitarbeitern geschleppt wird. Diese sind zwar recht wortkarg und mitunter etwas stoisch, haben aber insgesamt ein heiteres und freundliches Gemüt. Mit unvergleichlicher Trittsicherheit meistern sie selbst die abschüssigsten Oderhänge. Und sie haben vier Hufe – denn das Wanderpersonal von Sarah Fuchs besteht aus 13 Eseln und vier Maultieren.

Bevor du dich von Stolzenhagen im Barnim samt vierhufigen Begleitern auf Wanderschaft entlang der Oderhänge machst, steht das Kennenlernen mit den Eseln an. „Dabei lernen die Teilnehmer zunächst, wie sie sich respektvoll und vernünftig den Tieren nähern", erklärt Sarah Fuchs, die seit 2008 Packesel-Touren anbietet. Wichtiges Kennenlernritual ist dabei das Ausbürsten des Fells. Ein glattes Fell ist nicht nur für den Tragekomfort der Tiere wichtig, „sondern das Putzen behagt den Eseln auch und schafft Vertrauen". Sind die Esel oder Maultiere gesattelt und bepackt, kann sich das Tier-Mensch-Gespann in Bewegung setzen. Gewandert wird durch karge Trockenrasen, sumpfige Erlen- und urige Buchenwälder. Stündlich dürfen die Esel 10 Minuten grasen und sich ausruhen. Tragen können sie bis zu einem Fünftel ihres Körpergewichts – bei einem ausgewachsenen Esel sind das je nach Größe höchstens 30 bis 50 kg. Ist der Stolper Turm

— im Volksmund Grützpott genannt — erreicht, gibt es auch für die zweibeinigen Wanderer zur Mittagsrast ein reichhaltiges Picknick, das Sarah Fuchs extra für die Tour zusammengestellt hat. Während die Esel der grandiosen Aussicht über das Odertal nur wenig Begeisterung entgegenbringen, kannst du deinen Blick vom Wehrturm (12. Jahrhundert) aus schweifen lassen. Der Blick über das Poldersystem der unteren Oder ist einmalig. Anschließend geht es mit Sack und Pack in der Flussaue zurück nach Stolzenhagen. Während der gesamten Tour steht dir Sarah Fuchs, geprüfte Natur- und Landschaftsführerin, mit Rat und Tat zur Seite. Gern teilt sie mit dir ihr Wissen über Esel und Co. oder gibt wissenswerte Geschichten zu Land und Leuten im Odertal preis.

Die Tour zum Stolper Turm ist nur eine von vielen, die Sarah Fuchs im Repertoire hat. Angeboten werden Tages- und Zweitagestouren durch den Nationalpark Unteres Odertal und das Biosphärenreservat Schorfheide-Chorin. Pro Tour wirst du von mindestens zwei Eseln oder Maultieren begleitet. Von Februar bis November können auch zweistündige Spaziergänge mit den Tieren gebucht werden. Dann musst du dein Gepäck aber selbst tragen. Für Übernachtungsgäste steht eine Ferienwohnung in Stolzenhagen bereit. Wenn du den Tieren auch über Nacht ganz nah sein willst, kannst du dein Quartier auf dem Heuboden über dem Eselstall beziehen.

Sarah Fuchs sieht sich mit ihren Packesel-Touren jedoch nur in zweiter Linie als Tourismusunternehmen. Als Partner des Nationalparks Unteres Odertal engagieren sich Fuchs und Esel auch als Landschaftspfleger. Denn die Esel (und Maultiere) beweiden, wenn sie mal nicht im näheren Umland unterwegs sind, die sensiblen Trockenrasen im Nationalpark. Insgesamt eine Fläche von 30 bis 40 ha. Ohne eine regelmäßige Beweidung der kräuter- und blumenreichen Rasen würden diese verbuschen, vergrasen und schon bald verschwinden. Auch unliebsame Gehölze sowie Rinde vertilgen Esel und Maultiere nach Herzenslust. Ist ein Standort abgegrast, wird zum nächsten gepilgert. Auch für Sarah Fuchs bleibt abseits der Wanderungen genug zu tun. Wenn sie mal nicht den Tourguide gibt, Zäune baut, Hufe auskratzt und ihre Tiere von einem Weidestandort zum anderen treibt, führt sie nebenbei noch eine Eselpension und Eselschule. Klingt kurios, wird aber in Brandenburg tatsächlich nachgefragt. Wenn du also einen Esel hast, der nicht so recht mit dir spazieren gehen will, bring ihn nach Stolzenhagen. Hier erhält er fünf Tage in der Woche ein intensives Training. Und vielleicht kann er ja auch irgendwann im Club der Profi-Packesel mitspielen. Dazu bedarf es jedoch mehr als nur einer soliden Ausbildung. „Das A und O einer guten Packesel-Karriere ist die nötige Lebenserfahrung", so Sarah Fuchs. Verfügt ein Esel also nicht über ausreichend Wander- und Menschenroutine, bleibt nur der Job als Landschaftspfleger.

ANREISE:

Packeseltouren Brandenburg
Sarah Fuchs
Ernst-Thälmann-Str. 11, 16248 Stolzenhagen/Oder

Mit der Bahn: RE3/RE66/RB66 nach Angermünde, anschließend umsteigen in den Bus 463 nach Stolzenhagen, Haltestelle „Wendestelle" (nur an Schultagen). An Wochenenden und an Werktagen nach 18 Uhr fährt von Angermünde ein „Rufbus" (Tel.: 03332-442755). Möglichst frühzeitig bestellen.

Wenn alle Stricke reißen, wirst du von Sarah Fuchs auch vom Bahnhof abgeholt (15 €/Fahrt)

EINTRITT/KOSTEN:

Tageswanderung Odertal (1-5 Personen): 199 €
Zweitageswanderung (1-4 Personen): 359 €
Übernachtung/Verpflegung zur Zweitageswanderung: 50 €/Person

LINKS:

Packeseltouren: www.packeseltouren-brandenburg.de

NATUR ERLEBEN

MÄRKISCH BUCHHOLZ

DIE LESEFÄHRTE DER WALDWEISEN

Wald und Literatur. Diese Verbindung zieht sich nicht erst seit der Romantik durch die deutsche Literaturgeschichte. Auch in anderen Teilen der Welt ist der Wald seit Jahrhunderten Thema literarischer Auseinandersetzung. Auf einer literarischen Wanderung im Dahmewald bei Märkisch Buchholz kommt beides zusammen.

Deutsche Dichter und Denker hatten schon immer eine besondere Verbindung zum Wald. „Denn in den Wäldern sind Dinge, über die nachzudenken man jahrelang im Moos liegen könnte", wusste schon Franz Kafka. Solche und weitere Zitate, Gedichte und Textfragmente der Weltliteratur findest du auf der Tour durch den Dahmewald im Naturpark Dahme-Heidesee: Die Lesefährte Waldweisen. Dahinter verbirgt sich ein Parcours mit Stationen, auf denen literarische Texthäppchen zum Wald stehen. Es sind 20 km Weltliteratur über den Wald – im Wald – an Lesepulten aus Kiefernstammstücken, erdacht von dem österreichischen und in Brandenburg lebenden Künstler Wolfgang Georgsdorf. Etwa aller 300 m findest du Texte von Goethe über Humboldt, Shakespeare bis hin zu Joseph Beuys und Friedrich Nietzsche. Auch Dichtungen und Legenden aus Südamerika, dem Orient und anderen fernen Ländern zum Mythos Wald sind auf auf der präparierten Waldstrecke verteilt.

Ach ja, gewandert wird nebenbei auch noch. So führt dich der Erlebnispfad durch uralte Kiefern- und Eichenbestände, vorbei an Methusalembäumen und über mit Adlerfarn bewachsene Senken. Du durchquerst ein altes, längst versandetes Flussbett und erkundschaftest die Uferlandschaft der heutigen Dahme.

NATUR ERLEBEN

Dazu starten wir am Markt, folgen der Gartenstraße, dann Friedrichstraße, die sich nach 500 m gabelt.
Wir gehen links in die Birkenstraße, von der gleich der Wiesenweg abgeht. Den Wiesenweg laufen wir immer geradeaus, vorbei an den letzten Häusern, einigen Datschen, Pferdekoppeln – danach gehts in den Wald über. Hier stehen auch Hinweisschilder zu dem Projekt Lesefährte Waldweise. Die Stationen lockern die Wanderung immer wieder auf und sind zugleich – neben der Schreibfeder als Wegmarkierung – immer ein guter Orientierungspunkt.
Im Grunde verläuft die Strecke immer geradeaus bis zur Hermsdorfer Mühle. Verlaufen ist fast ausgeschlossen. Kurz vor der Mühle biegst du am weißen, leerstehenden Haus links ab. Hier ist bis kurz nach der Mühle Autoverkehr – wenn auch nur einige wenige Autos vorbeikommen. Das historische Gebäude der Mühle ist teils verfallen, teils bewohnt, allerdings nicht öffentlich zugänglich. Wenn du die Hermsdorfer Mühle siehst und daran vorbeigehst, bist du an einem Ort, an dem nachweislich schon vor über 500 Jahren eine Wassermühle stand und Menschen die Wasserkraft genutzt haben. Bis ins 20. Jahrhundert diente das noch erhaltene Gebäude als Säge- und Mehlmühle. Die dahinterliegende Schleusenanlage ist – man sieht es sofort – neu und wurde erst im Jahr 2000 saniert.
Mit Erreichen der Mühle und Schleusenanlage haben wir die Hälfte der Tour hinter uns – ideal für eine Pause, eh es auf der westlichen Dahmeseite zurückgeht. Zunächst laufen wir den asphaltierten Radweg entlang, eh wir links abbiegen auf einen Waldweg. Nach ca. 1 km haben wir die Möglichkeit, geradeaus weiter zu laufen oder einen Abstecher zur Oberförsterei Hammer zu machen. Hier finden ab und an Veranstaltungen statt, z.B. Kinonächte in der alten Scheune – auch das wiederum eine Initiative von Wolfgang Georgsdorf. Alle Filme beziehen sich in irgendeiner Form auf den Wald, Naturschutz, Tiere. Die Fährte auf der Westseite führt uns direkt an der Dahme entlang, hier kannst du immer wieder ans Wasser, es gibt sehr lauschige Plätze, die allerdings gerne

auch von Anglern beansprucht werden. Auf dem Rückweg geben nicht nur die Lesepulte und die Schreibfeder, sondern auch die Dahme untrügliche Orientierung. Erst auf dem letzten km führt der Wanderweg nah an die Landstraße – da hat die Romantik dann ein Ende, aber nach fast 20 km sehnt man sich sowieso vor allem nach einer längeren Pause. Unsere absolute Empfehlung, wenn du wieder in Märkisch Buchholz bist: Hermanns Marktwirtschaft mit seinem verwunschenen Garten und leckeren Burgern.

Geht es nach Wolfgang Georgsdorf, ist das Projekt Waldweisen noch längst nicht abgeschlossen. „Als eine fortlaufende Lesefährte könnten weitere Teile des Waldes im Dahmeland durchzogen werden", so der österreichische Künstler. Wir können also gespannt sein, welche literarischen Weisheiten wir in den kommenden Jahren noch im Wald entdecken können.

ANREISE:
Parkplatz am Markt, rund um die Kirche
Am Markt 17, 15748 Märkisch Buchholz

Mit der Bahn: RB24 nach Halbe, anschließend umsteigen in Bus 725 bis Markt (Richtung Münchehof b Königs Wusterhausen).

EINTRITT/KOSTEN:
kein Eintritt

LINKS:
Landesbetrieb Forst Brandenburg:
www.forst.brandenburg.de
Touristeninformation: www.maerkischbuchholz.de

NATUR ERLEBEN

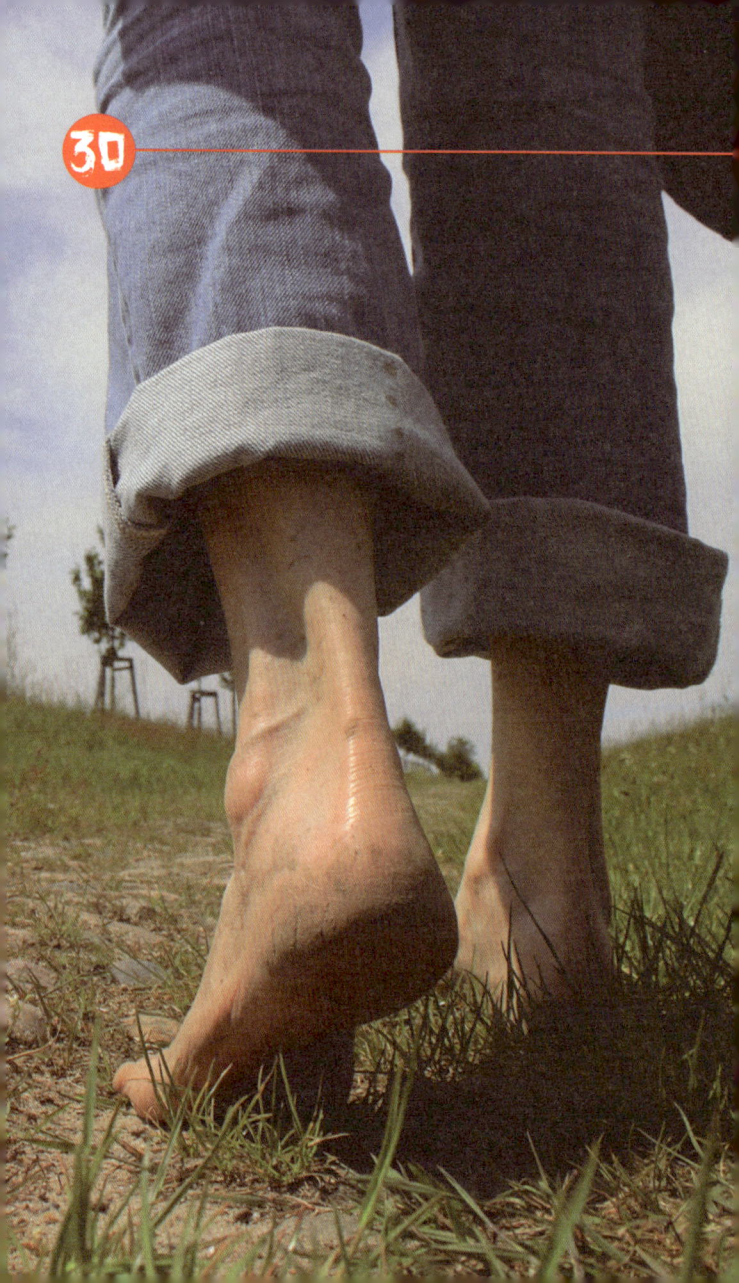

BAD BELZIG

BARFUSSWANDERN

Etwa 9 km barfuß wandern auf einem Rundweg über Wiesen, Waldböden oder Sand – Barfußwandern ist eine besonders sinnliche Art der Fortbewegung. Eine Expedition, für die man viel Zeit und Muße braucht. Vielleicht auch so was wie Lang- und Sanftmut.

Manchmal marschiert man durch die Gegend und lässt alles rechts und links an sich vorbeirauschen. Selbst beim Wandern kann das passieren. Beim Barfußwandern geht es jedoch darum, besonders langsam, besonders bewusst und achtsam zu wandern. Es ist eine ausgesprochen sinnliche Art der Fortbewegung – und wohl die langsamste. Wer hastig rennt, sieht nicht mehr, wohin er tritt. Ein Stein kann übersehen werden, die erstbeste Wurzel wird zur Stolperfalle. Man geht gemächlich, um nicht auf Äste und Zapfen zu treten. Alle paar Minuten passiert es dennoch, dass ihr auf irgendetwas tretet, dass nicht so angenehm ist. Gemächlichkeit, Langsamkeit, Langmut und Sanftmut sind auf dem Barfußwanderweg deshalb angemessen – wann habt ihr das das letzte mal praktiziert?

Barfußwandern ist eine gute Gelegenheit das zu tun. Außerdem wirkt das Barfußwandern wie eine lange Fußmassage. Am Auffallendsten war, dass wir alle am nächsten Tag Muskelkater im Fuß hatten – ein sehr ungewohntes Gefühl, gleichzeitig aber auch Nachweis, dass wir unsere Füße gar nicht mehr richtig auslasten, weil wir sie den ganzen Tag in Schuhe zwängen, die meist auch noch zu eng sind. Unsere Füße sind die drangsaliertesten Körperteile und rufen nach Freiheit!

NATUR ERLEBEN

Es gibt bereits eine wachsende Barfußwanderbewegung, die nicht nur von der neuen Langsamkeit und den Freiheiten der Füße schwärmen. Offensichtlich hat das Ganze auch noch medizinische Vorteile: Gut trainierte Füße werden nicht zu Senk- oder Spreizfüßen, stabilisieren den gesamten Körper und verhindern Rückenschmerzen.

Na denn, wir probieren das aus: Der Barfußwanderweg in Bad Belzig ist, im Gegensatz zu anderen bekannten Barfußpfaden, wo verschiedene Materialien auf einen bestenfalls einen Kilometer langen Weg gebracht werden, ein „normaler" Wanderweg, der auf seine Barfußtauglichkeit getestet wurde. Der Weg wird also nicht täglich geräumt und von Steinen und Ästen befreit. Ihr seid in der Natur – und das ist auch das Schöne an diesem Wanderweg. Waldböden, Wiesenwege, sandige Abschnitte oder Kopfsteinpflaster und Granit-Gehwegplatten in der Bad Belziger Altstadt wechseln sich ab und sind meist angenehm zu laufen. Unangenehme, mit Split bestreute Wege im Bereich der Burgwiesen lassen sich mit dem gemähten Seitenstreifen gut umgehen. Der Barfußwanderweg führt teilweise auf dem beliebten Kunstwanderweg und ist als Rundwanderweg mit einem grünen Fußabdruck so gut ausgeschildert, dass man sich (fast) nicht verlaufen kann.

Als Start bietet sich die Burg Eisenhardt am Rande von Bad Belzig an. Die Burg ist, bei ausreichender Zeit, auf jeden Fall auch einen Besuch wert: Um das Jahr 1000 errichtet wurde sie im Mittelalter um- und ausgebaut. Die Burg ist frei begehbar; im Innenbereich befinden sich heute Museum und Gastronomie. Wer will, kann auch dort übernachten. Martin Luther soll das vor 500 Jahren auch mal getan haben, aber das ist eine Geschichte, die man im Stadtmuseum besser nachlesen kann...

Vom Eingang der Burg aus geht es am Friedhof vorbei durch den ehemaligen Waldpark des damaligen Verschönerungsvereins der Stadt. Über Serpentinen führt der Barfußwanderweg hinunter zu den Burgwiesen. Bis zum Kunstwerk "Gartenbild" folgt der Weg der Südroute des Kunstwanderwegs. Dort biegt er nach rechts ab und überquert die Bundesstraße zwischen Bad Belzig und Wiesenburg. Am Waldrand entlang erklimmt der Weg die „Höhen" des Apfelbergs, einer sehr schönen Streuobstwiese und landschaftlich eines der Highlights der Tour. Der Apfelberg lässt ins Land blicken, die Apfelbäume und die leicht wellige Landschaft liegt malerisch vor euch. An dieser Stelle also unbedingt eine Pause einlegen.

Am Kunstwerk „Die Jagd" trifft der Barfußwanderweg auf die Nordroute des Kunstwanderwegs und führt mehr oder weniger schnurrstracks zurück nach Bad Belzig. Wie erwähnt: Immer auf den grünen Barfuß achten, der den Weg kennzeichnet. In Bad Belzig angekommen könnt ihr euch noch mit einem Eis oder Kaffee belohnen: All zu üppig ist das Angebot in der Altstadt nicht, aber die paar Cafés der Stadt bieten immerhin Selbstgemachtes. Und wer total fertig von der Wanderung ist: Die Steintherme Bad Belzig ist nur ein paar Minuten entfernt.

ANREISE:
Burg Eisenhardt
Wittenberger Str. 14, 14806 Bad Belzig

Mit der Bahn: RE7 bis nach Bad Belzig. Vom Bahnhof sind es noch 10 Min. zu Fuß bis zur Burg Eisenhardt.

EINTRITT/KOSTEN:
kein Eintritt

LINKS:
Bad Belzig Kur GmbH: www.belzig.com
Naturpark Hoher Fläming: www.flaeming.net
SteinTherme in Bad Belzig: www.steintherme.de
Burg Eisenhardt: www.burgeisenhardt.de

NATUR ERLEBEN

WASSER!!!

....

Wenn Brandenburg etwas hat, dann ist es Wasser. Dann kommt man nicht dran vorbei. Aber vielleicht drüber oder drunter. Kein Witz, aber in Brandenburg kann man Wellen reiten. Schon mal überlegt, Brandenburgs Wasserwelt von unten zu erkunden? Und wenn Brandenburg neben Wasser noch etwas hat, dann sind es erstklassige Strandbäder. Wie empfehlen dir die schönsten.

....

PRITZERBE

WELLEN REITEN AUF DER HAVEL

Du musst nicht nach Portugal oder Frankreich reisen, um dich samt Surfbrett in die Fluten zu schmeißen und die Wellen abzureiten. Deutschlands Surfparadies liegt auch nicht an der Ost- oder Nordsee. Es liegt, oha, in Pritzerbe an der Havel! Hier findest du optimale Wellen, die dir Stehzeiten über mehrere 100 m garantieren. Glaubst du nicht? Dann hast du noch nichts vom 2Wave-Surfen gehört.

Frank Sorge, Erfinder des 2Wave-Surfens, wartet bereits am Steg des Pritzerber Sees an der Havel. Die Sonne scheint, es weht kein Lüftchen. Wellen? Nicht in Sicht. Trotz schönstem Wetter nicht gerade die besten Bedingungen zum Surfen. Dennoch verspricht Frank Sorge ein einzigartiges Surferlebnis. Das Geheimnis ist der „2wave-Surfkutter", ein Boot, dessen besonderer Rumpf zwei surfbare Kielwellen erzeugt. Vom Steg sind es 20 Min. bis zum Surfspot. Du erhältst eine Surf-Einweisung, ziehst den ausgeliehenen Wetsuit an, schmeißt das Surfbrett ins Wasser und springst selbst in die Fluten. Als Anfänger startest du mit einem sogenannten Longboard, auf denen es deutlich einfacher ist, das Gleichgewicht zu halten.

Frank Sorge startet den Motor und drückt aufs Gas. Mit 18 km/h setzt sich das Boot in Bewegung – und siehe da: Zwei gleichmäßig, konstant laufende Wellen bauen sich rechts und links des Bootes auf. Mit einem Seil als Starthilfe gleitest du bereits nach wenigen Sekunden in der Welle. Nun kannst du üben, das Board zu steuern. Verlagerst du dein Gewicht nach vorne, nimmst du Geschwindigkeit auf. Gewicht nach

WASSER!!!

hinten bedeutet, du wirst langsamer. Hast du genug Selbstvertrauen getankt, lässt du das Seil los. Die Welle trägt dich wie am Meer. Jetzt musst du nur noch aufstehen. Der „Take-off", der unter maritimen Bedingungen besonders knifflig ist, gelingt auf dem Pritzerber See mit etwas Geschick schon beim ersten Mal. Denn jede Welle läuft ca. 275 m, was dir umgerechnet etwa 1 Min. in der Welle gibt. „Und soviel Zeit", erklärt Surfexperte Frank Sorge, „hast du auf dem Meer einfach nicht".

Das Angebot beim 2Wave-Surfen richtet sich aber nicht nur an Anfänger, die aufgrund der konstanten Wellen besonders gute Voraussetzungen finden. Auch Fans von Wakesurfboards und Shortboards, die in ihrer Beherrschung deutlich schwieriger sind, kommen auf ihre Kosten. Echte Surfcracks fahren dann sehr viel dichter am Boot. Auch den Wasserstart musst du beherrschen, denn beim Wakesurfen bist du nicht über das Seil mit dem Boot verbunden, sondern musst in die Welle hineinpaddeln. Das gelingt nicht jedem und ist äußerst kräftezehrend. Alternativ kannst du auch mit einem Stand-Up-Paddle in die Welle gleiten. Aber auch hier solltest du Erfahrung mitbringen. Wer unnötigen Frust vermeiden, dafür aber eine maximale Wellenausbeute genießen möchte, belässt es lieber beim Longboard und nutzt das Seil als Starthilfe.

Seit 2013 bietet Frank Sorge das Wellenreiten in der Havel an. Auf der Suche nach der perfekten Welle sind über 2000 Teststunden ins Land bzw. übers Wasser gezogen. Der 2Wave-Gründer, ehemaliger Berlin-Brandenburg-Wakeboard-Meister, hat das Boot selbst entworfen und zusammen mit der Kiebitzberg Schiffswerft gebaut. Das Boot gibt es als Prototyp nur einmal auf der Welt. Damit das Surfkonzept von Frank Sorge massenkompatibel ist, steht neben einer optimalen Wellenausbeute die Sicherheit aller Beteiligten im Vordergrund. Um die Bootsabgase während des Surftrips nicht in die Nase bekommen, werden diese nach oben abgelassen. Da die Welle knapp 20 m zum Boot entfernt verläuft, besteht ein ausreichender Sicherheitsabstand. Auch mit 18 km/h bist du langsamer unterwegs als beim Wasserski.

Die Surfsaison beginnt in Pritzerbe im Mai und endet in der Regel im September. Wenn das Wetter schön bleibt, kann auch weit in den Herbst hinein gesurft werden. Selbst in der kalten Jahreszeit ist das Wellenreiten möglich, wenn der Surfkutter nicht gerade an Land für Wartungsarbeiten überwintern muss. Wer im Sommer einen Surftrip genießen möchte, sollte mindestens 2-3 Wochen im Voraus buchen. Unter der Woche (nur donnerstags und freitags) gehts auch mal kurzfristig. Hast du gebucht, bist du mindesten 3 h auf dem Wasser, bei Intensivkursen sogar 5-6 h. Gesurft wird im Rotationsverfahren. Im Durchschnitt kommst du so alle 5-10 Minuten in den Genuss, auf einer Welle zu reiten. Bretter und Wetsuit können ausgeliehen werden.

ANREISE:
2Wave
Bootshaus Pritzerbe
Havelstraße 24, 14798 Pritzerbe

Mit der Bahn: RE1 nach Brandenburg Hbf, anschließend umsteigen in RB51 bis Pritzerbe (Richtung Rathenow). Vom Bahnhof in Pritzerbe sind es nochmal 10 Min. bis zum Bootshaus Pritzerbe.

EINTRITT/KOSTEN:
2Wave-Surftrip (ca. 4-5 h unterwegs): 68 €
Intensivkurs/Doppelsurftrip: 128 €
Neoprenanzug (lang): 7 €

LINKS:
2Wave: www.2wave.de

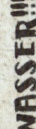

WASSER!!!

THOMSDORF

ABTAUCHEN IN TIEFE GEWÄSSER

Du kennst die Gewässer Brandenburgs? Du bist jeden Sommer baden, schwimmen oder mit dem Kanu unterwegs? Dann ist es vielleicht mal an der Zeit, die Seen Brandenburgs aus einer neuen Perspektive kennenzulernen. Wir empfehlen dir, einfach mal abzutauchen und an einem Schnuppertauchkurs teilzunehmen.

Heutiges Ausflugsziel ist Thomsdorf im Norden Brandenburgs. Der beschauliche Ort liegt direkt an der Grenze zwischen dem Naturpark Uckermärkische Seen und der Feldberger Seelandschaft. Wie die Namen vermuten lassen, gibt es hier: viele Seen. Einer, der sich besonders gut zum Tauchen eignet, ist der 38 m tiefe Carwitzer See. Hier betreibt die Tauchschule Atlantis eine ihrer Tauchbasen. Hast du einen Tauchkurs gebucht, wirst du von Tauchlehrer Jens am Hotel „Haus Thomsdorf" in Empfang genommen. An der Rückseite des Hotels liegt die „Tauchbasis Thomsdorf". Zusammen mit Jens wirst du gleich zwei Grenzen überschreiten. Zum einen die nach Mecklenburg-Vorpommern, denn die Steganlage des Carwitzer Sees liegt bereits außerhalb Brandenburgs. Zum anderen die Grenze zwischen den Elementen Erde und Wasser. Bevor zweitere überschritten wird, musst du jedoch noch im Schnelldurchgang das 1x1 des Tauchens lernen. So kommt es, dass du von dem 2-stündigen Schnupperkurs für nur knapp 25 Min. abtauchen wirst. Das ist jedoch kein Grund, um enttäuscht zu sein. Denn damit du nicht für immer unter Wasser bleibst, solltest du während der ersten Stunde ganz genau die Ohren spitzen. Hier erklärt Tauchlehrer Jens, worauf es beim Tauchen ankommt. Wel-

WASSER!!!

che Handzeichen haben welche Bedeutung? Wie tarierst du dich unter Wasser richtig aus, damit du nicht wie eine Flunder am Grund des Sees klebst. Welche Techniken dienen dem Druckausgleich unter Wasser? Auch das Anziehen der kompletten Montur bestehend aus Neoprenanzug, Flossen, Taucherbrille, Pressluftflasche inklusive Atemregler, Tarierweste und Bleigürtel dauert seine Zeit. Und dann gehts endlich los. Letzter Body-Check durch Jens – sitzt die Ausrüstung, funktioniert die Pressluftflasche – und rein ins Wasser. Entweder mit einer grazilen Rolle rückwärts vom Steg oder ganz einfach mit den Füßen voran. Jens ist während des gesamten Tauchgangs an deiner Seite. Die ersten Minuten im Wasser dienen dazu, dich an das neue Element zu gewöhnen. Denn mit etwa 16 kg auf dem Rücken hast du logischerweise ein ganz anderes Körpergefühl im bzw. unter Wasser, als wenn du einfach nur ein paar Runden im Schwimmbecken drehst. Nun heißt es gleichmäßig atmen, etwas Luft aus der Weste herauslassen und langsam nach unten gleiten. Aber nur maximal 5 m. Tiefer darfst du als Anfänger nicht. Während des Abtauchens den Druckausgleich nicht vergessen. Unten angekommen übst du mit Jens Hilfe noch das richtige Austarieren. Denn hast du zu wenig Luft in der Weste, klebst du am Boden. Mit zu viel Luft gehts wieder nach oben. Nachdem du das richtige Maß gefunden hast, wirst du endlich auch Augen für die Unterwasserwelt des Carwitzer Sees haben. Hat es die Tage zuvor nicht gerade geregnet, bietet der Carwitzer See eine Unterwassersichtweite von bis zu 7 m. Barsche, Aale und mit etwas Glück sogar bis zu 1 m große Hechte kannst du vor die Taucherbrille bekommen. Angst vor Fischen solltest du also nicht haben. An einigen Stellen überzieht ein dichter Pflanzenteppich den Grund des Sees. Neben Fischen und Unterwasserpflanzen warten noch weitere Überraschungen auf dich. So ist unter Wasser eine extra befestigte Taucherglocke montiert. Auch eine alte Mine haben die Jungs von der Tauchschule Im Carwitzer See befestigt. Nach 25 Min. tauchst du wieder auf und betrittst wieder dir bekanntes Terrain. Wenn du auf den

Geschmack gekommen bist, kannst du bei der Tauchschule Atlantis auch einen 4-tägigen Tauchkurs absolvieren. Am Ende des Kurses erhältst du einen Tauchschein, mit dem du in allen – fürs Tauchen freigegebenen – Gewässern der Welt tauchen darfst. Hierfür benötigst du allerdings eine Tauchtauglichkeitsbescheinigung vom Arzt. Für erfahrene Taucher bietet die Tauchschule Atlantis auch besondere Tauchgänge, wie etwa Nacht- oder Tieftauchen an.

Für den Schnuppertauchkurs sind keine besonderen Voraussetzungen nötig. Du brauchst lediglich Badebekleidung, Badelatschen und ein Handtuch. Natürlich musst du körperlich fit sein und darfst keine Erkältung haben. Taucherflasche, Neoprenanzug, etc. werden gestellt. Auch Kinder ab 10 Jahren dürfen am Kurs teilnehmen. Stets wird dir ein persönlicher Tauchlehrer an die Seite gestellt. Da der Tauchschnupperkurs bereits nach 2 h beendet ist, empfehlen wir, auch den Rest des Tages in Thomsdorf zu verbringen. Denn in der Umgebung gibt es nicht nur viele Seen, sondern auch den Kunsthandwerkerhof mit Werkstätten und Ateliers, eine Keramikscheune sowie den Thomsdorfer Kunstkaten zu entdecken. Essen kannst du im Hotel „Haus Thomsdorf".

ANREISE:
Atlantis Tauchbasis Thomsdorf
Dorfstr. 17a, 17268 Thomsdorf

mit der Bahn: nur schwer zu erreichen.

EINTRITT/KOSTEN:
Schnuppertauchkurs: 49 €
Schnupperschnorchelkurs: 30 €

LINKS:
Tauchbasis Thomsdorf: www.tauchbasis-thomsdorf.de

WASSER!!!

BRANDENBURGWEIT

DIE SCHÖNSTEN STRANDBÄDER

Bei 3000 Seen in Brandenburg fällt es schwer, eine Badeentscheidung zu treffen. Wer keinen Wert auf Umkleidekabinen, Imbissstände, Cocktailbars, Wasserutschen oder Sprüngtürme legt, kann natürlich überall ins Wasser springen. Wir loben uns aber immer wieder die gute alte Strandbadkultur und haben die besten Strandbäder in Brandenburg zusammengetragen.

Seestrand Großkoschen
Der flach abfallende, 600 m lange Strand am Senftenberger See ist gerade bei Familien sehr beliebt. Auch FKK-Liebhaber haben ihr Plätzchen, da es separate Textil- und FKK-Strandabschnitte gibt. Ebenfalls vorhanden: Kinderspielplatz und Imbissmöglichkeiten.
01968 Senftenberg OT Großkoschen
www.senftenberger-see.de

Strandbad Babelsberg
In den Strandkörben des Strandbads Babelsberg lässt sich ausgezeichnet nichts machen. Wem es nach einer Weile zu ungemütlich wird, wechselt einfach auf die benachbarte Liegewiese. Imbissmöglichkeiten gibt ebenso wie einen Bootsverleih.
Am Babelsberger Park, 14482 Potsdam

Strandbad Caputh
Das Strandbad Caputh hat alles, was ein Strandbad haben muss: einen sauberen Strand, klares Wasser, eine Cocktailbar, ein Beachvolleyballfeld, einen Bootsverleih und abends einen Blick auf die untergehende Sonne.

WASSER!!!

Weg zum Strandbad 1, 14548 Caputh
www.seebad-caputh.de

Strandbad Klausdorf
Highlight des Strandbads Klausdorf am Mellensee ist die 65 m lange Wasserrutsche, die – nun ja – nicht im Wasser endet, sondern auf der Wiese in einem kleinen Auslaufbecken. Macht trotzdem Spaß!
Zossener Str. 74, 15838 Am Mellensee, OT Klausdorf
www.strandbad-klausdorf.ammellensee.de

Strandbad Motzener See
Das Strandbad am Motzener See verfügt nicht nur über sehr sauberes Wasser. Besonders Wasserrutsche und Badeinsel stehen bei den kleinsten Badegästen hoch im Kurs. Nur der Sandstrand ist etwas schmal. Zum Buddeln reichts aber.
Am Strandbad, 15806 Kallinchen

Strandbad Templin
Das Strandbad Templin ist besonders bei Wasersportfreunden eine beliebte Adresse – hier kann man tauchen, Banane und Wasserski fahren, Boote leihen und auch seinen Segelschein machen. Weiteres Highlight: Ihr dürft direkt am Strand euer Zelt aufbauen
Prenzlauer Allee 26, 17268 Templin
www.wassersport-templin.de

Strandbad EJB Werbellinsee
Im Strandbad EJB Werbellinsee kommen Groß und Klein auf ihre Kosten. Die Großen schwimmen im bis zu 60 m tiefen Naturbad oder machen es sich auf der Liegewiese bequem. Die Kleinen toben auf dem Abenteuerspielplatz und die ganz Kleinen plantschen im abgetrennten Nichtschwimmerbereich.
Joachimthaler Str. 20, 16247 Joachimsthal

Strandbad Werder
Das Strandbad Werder liegt versteckt am Großen Plessower See und ist nur über eine Steiltreppe durch eine bewaldete Schlucht zugänglich. Unten angekommen bietet einer der klarsten Seen Brandenburgs optimale Badebedingungen – Rutsche und Badeplattform inklusive.
Am Plessower See, 14542 Werder/Havel

Strandbad Wolletzsee
Inmitten des Biosphärenreservats Schorfheide-Chorin liegt das Strandbad Woelletzsee, das mit 3-m-Sprungturm, Bootsverleih und Beachvolleyballplätzen lockt. Ausgezeichnet wurde das Strandbad für die hervorragende Wasserqualität.
Zum Wolletzsee 1, 16278 Angermünde
www.wolletzsee.de

Strandbad Wukensee
Das Strandbad Wukensee gilt als eines der schönsten Bäder in Brandenburg. Bereits in den 1920er-Jahren öffnete es seine Pforten. Auch hier gibt es alles, was das Badeherz verlangt: Wasserrutsche, Imbiss, Badeinsel, Kinderspielplatz, Sprungturm und Bootsverleih
Ruhlsdorfer Str. 41, 16359 Biesenthal
www.strandbad-wukensee.de

Waldbad Liepnitzsee
Das Waldbad liegt auf der Insel Großer Werder im Liepnitzsee ist nur mit einer Fähre zu erreichen. Trotz der Insellage ist das Bad im Sommer oft überlaufen. Das Bad ist bekannt für die sehr gute Wasserqualität und verfügt über einen Imbiss, einen Kinderstrand sowie einen Bootsverleih.
Am Liepnitzsee, 16348 Wandlitz, OT Liepnitz

WINTERSPORT

Wir geben zu, dieses Kapitel ist nicht ganz ernst gemeint. Wintersport in Brandenburg ist wie Sommerurlaub in Grönland. Ein paar Wintersporttipps haben wir dann aber doch für dich. Denn auch in Brandenburg findest du präparierte Langlaufloipen. Und wusstest du, dass der Spreewald gerade im Winter sein schönstes Gewand trägt?

LÜBBENAU/SPREEWALD

WINTERPADDELN AUF DER SPREE

Du findest Paddeln im Spreewald ist ein alter Hut? Dann warst Du noch nie im Winter dort paddeln. Denn in der kalten Jahreszeit verwandelt sich Brandenburgs Touristen-Hotspot zu einer einsamen, romantischen Winteridylle, in der du nicht nur Ruhe und Entspannung findest, sondern auch Strecken entlang paddeln kannst, die im Sommer nicht passierbar sind.

Außer dem sanften Plätschern beim Eintauchen des Paddels ins Wasser und dem vereinzelten Knarzen der kahlen Birken und Erlen hörst du nichts. Hier und da schwimmen dünne Eisschichten im Wasser, die vom Kanu mühelos durchbrochen werden können. Vereinzelt sind die verdutzten Rufe der Stockenten zu vernehmen, die es sich in den verästelten Nebenflüssen der Spree gemütlich gemacht haben. Die Kälte scheint sie nur mäßig zu beeindrucken. Der Spritzschutz im Kanu verhindert, dass eisiges Wasser ins Innere des Bootes gelangt. Deine Hände sind durch extra angebrachte Paddelpfötchen vor der Kälte geschützt. Schon nach 500 m Paddeln kommst du sogar richtig ins Schwitzen, weil dein gesamter Oberkörper beim Paddeln mitarbeitet. Das Sitzkissen sorgt dafür, dass du es trotz der Anstrengung bequem hast. Eine Wasserkarte weist dir den Weg durch das Fließlabyrinth. An diesem kalten Wintertag gehört der Spreewald dir ganz allein!

Wenn du über kein eigenes Kanu verfügst, dann leih dir eins in Burg, Lübben oder Lübbenau. Hier werden Kanus, meistens nur auf Anfrage (!), auch im Winter verliehen — ein deutliches Indiz dafür, dass Winterpaddeln im Spreewald

WINTERSPORT

noch als Geheimtipp gilt. „Dabei hat eine winterliche Spreewaldtour mit dem Kanu viel zu bieten", schwärmt Martin Richter vom Bootsverleih Richter in Lübbenau. „Daher haben wir vor sechs Jahren die Idee gehabt, geführte Wintertouren mit dem Kanu anzubieten." Denn gerade im Winter, klärt uns der Kanuguide auf, können spannende Naturbeobachtungen gemacht werden, die einem in der warmen Jahreszeit verborgen bleiben. „Im Sommer hat man das Gefühl, man paddelt durch einen Dschungel. Im Winter aber, wenn der Spreewald sein grünes Kleid verloren hat, kann man besonders tief in die Wälder und Wiesen hineinspähen und bekommt so schon mal den ein oder anderen Hirsch zu Gesicht." Die tiefen Einblicke in die einzigartige Flora und Fauna des UNESCO-Biosphärenreservat werden durch den sogenannten Winterstau noch begünstigt. Winterstau bedeutet, dass der Wasserspiegel der Spree im Winter etwa 30 cm höher liegt. Durch die erhöhte Sitzposition im Kanu erhältst du noch mal eine bessere Sicht auf die Bruch- und Auenwälder sowie die Feucht- und Nasswiesen des Paddelparadieses. Nebenbei erzählt Martin Richter interessante Anekdoten über Land und Leute im Spreewald. Ein weiteres Highlight auf der Wintertour: Die Kanuguides des Bootsverleih Richter dürfen per Sondergenehmigung auch durch Spreewaldfließe führen, die im Sommer aufgrund des hohen Verkehrsaufkommens für Kanus nicht passierbar sind. Wenn du also meinst, im Spreewald schon alles ausgekundschaftet zu haben, wirst du im Winter noch das ein oder andere geheime Plätzchen ausfindig machen.

Wichtig zu wissen: Einkehrmöglichkeit gibt es zu dieser Jahreszeit kaum. Zwar wuchs auch im Spreewald das touristische Angebot über die Jahre – mittlerweile sind Erlebnis-Kahnfahrten bei Glühwein oder Tee im Kommen. Die berühmten Spreewaldgurken wirst du zu dieser Jahreszeit jedoch nicht an jeder Ecke angeboten bekommen. Die Stege mit den bekannten „Gurken-Drive-Ins", wie sie Martin Richter nennt, sind im Winter verwaist. Auch die meisten Restaurants haben geschlossen. Nur um Weihnachten, Silvester und Neujahr herum säumen Glühweinstände das Ufer. Von Januar bis März verfällt der Spreewald dann wieder in den Winterschlaf. Nicht so bei Martin Richter. Anstatt Spreewaldgurken werden Glühwein, Tee oder heiße Schokolade serviert und der Kanuguide wird zum Bordkellner.

Egal ob geführte Tour oder individuelles Paddelabenteuer. Der Spreewald ist ein Kanuparadies – gerade im Winter. Denn es gibt noch einen unschlagbaren Vorteil gegenüber dem Sommer: Den Mücken ist es tatsächlich zu kalt im Winter. Sie überstehen die kalte Jahreszeit in einer Art Kältestarre. Auch für sie beginnt die Saison erst wieder, wenn die Temperaturen steigen. Wenn das kein Grund zum Winterpaddeln ist!

ANREISE:
Bootsverleih Richter
Dammkstr. 75, 03222 Lübbenau/Spreewald

Mit der Bahn: RE2/RB24 nach Lübbenau. Vom Bahnhof Lübbenau die Bahnhofstraße runter bis zur Dammstraße. Die Dammstraße immer weiter geradeaus bis zum Bootsverleih Richter im Leiper Weg (15 Min. zu Fuß).

EINTRITT/KOSTEN:
Kanu-Winter-Erlebnistour: 20,50 €/Person
1-er Paddelboot: 15 €/h (jede weiter Stunde 5 €)
2-er Paddelboot: 20 €/h (jede weiter Stunde 5 €)
3-er Kanadier: 20 €/h (jede weiter Stunde 5 €)
1-er Touronkajak: 32 €/h (jede weiter Stunde 5 €)
2-er Tourenkajak: 40 €/h (jede weiter Stunde 5 €)

LINKS:
Tourismusverband Spreewald: www.spreewald.de
www.spreewald-info.de/paddeln/bootsverleih/
Bootsverleih Richter: www.bootsverleih-richter.de

WINTERSPORT

35

JÜTERBOG

WINTERSPORT AUF DER FLAEMING-SKATE

Es hat geschneit! Der Schnee bleibt liegen! Jetzt kommt es auf jede Minute an. Denn mit Schnee waren wir in Brandenburg in den letzten Jahren nicht allzu häufig gesegnet. Wer sich also jetzt die Langläufer unter die Füße schnallen und einer ausgedehnten Langlauftour frönen möchte, sollte nicht lange suchen, um gute präparierte Loipen zu finden. Bestes Ziel in diesem Fall: die Flaeming-Skate bei Jüterbog.

Eins vorneweg: Die wenigen Skigebiete Brandenburgs sollten nicht mir Skigebieten im Süden Deutschlands verglichen werden. Das wäre ja unfair. Mit den wenigen Schneetagen in Brandenburg spielen wir nun mal in einer anderen Liga als Bayern oder Thüringen. Wer aber mit keinen allzu großen Erwartungen in puncto Ausleihmöglichkeiten, Schneekanonen oder Einkehroptionen auf den Langläufern durch den Winterwald gleiten möchte, ist auf der Skate Flaeming bestens aufgehoben. Hier werden im Winter, wenn es die Wetterbedingungen zulassen und es eine durchgängige Schneedecke von 20 bis 30 cm gibt, Loipen mit einer Gesamtlänge von 45 km präpariert. Optimaler Ausgangspunkt für Langlauffreunde ist die Skate-Arena in Jüterbog. Hier beginnt ein angenehmer Rundkurs über Felder und durch die Wälder des Niederen Flämings mit einer schönen Einkehrmöglichkeit am Kloster Zinna. Das Klostermuseum kann ganzjährig besucht werden, eine Probeverkostung des „Zinnaer Klosterbruders" ist dabei inklusive und gut zum Aufwärmen bei frostigen Temperaturen. Der Rundkurs von Jüterburg über Grüna und

Kloster Zinna ist mit einer Länge von 11 km und nur geringem Gefälle auch für Anfänger kein Problem. Ist dir das zu wenig, kannst du die Strecke problemlos erweitern. Kurz vor bzw. hinter Zinna (je nach dem aus welcher Richtung du kommst) werden Loipen auch auf weiteren Teilabschnitten der Flaeming-Skate gespurt. So gleitest du entweder weiter bis nach Kolzenburg, einem Stadtteil von Luckenwalde, oder auch über Fröden bis nach Wahlsdorf und Bochow. Sind präparierte Loipen für dich kein Muss, kannst du bei genügend Schnee auch die kompletten 230 km der Flaeming-Skate befahren.

Die Flaeming-Skate, angelegt 2001, ist die längste zusammenhängende Skate-Strecke Europas. In der strukturschwachen Region ist sie mit Fördermitteln 2001 angelegt worden und seitdem Stück für Stück erweitert worden. Auf der 2 bis 3 m breiten und asphaltierte Bahn tummeln sich fernab von befahrenen Straßen etliche Skater, Radler, Handbiker, Rollifahrer – und natürlich Skiroller. In milden, schneefreien Wintertagen bieten gerade die Rollskier, die ursprünglich als Sommertrainingsgerät für Winterathleten entwickelt wurden, eine gute Alternative zum klassischen Skilanglauf. Das Gleitverhalten ist ähnlich und beide Langlauftechniken – Klassisch und Skating – sind mit den Rollskiern möglich. Das Bremsen im Pflug solltest du jedoch lieber lassen. Auch das Halten der Spur ist schwieriger, da im Gegensatz zum Winterlanglauf nicht in vorgespurten Loipen gefahren wird. Sind dir diese kleinen Einschränkungen egal, kannst du auf den acht großen Rundkursen der Flaeming-Skate sowie auf den Zubringerstrecken auch ohne Schnee Wintersport betreiben. Der längste Rundkurs ist mit 95 km eine ordentliche Herausforderung. Dabei rollst oder skatest du zunächst entlang des Baruther Urstromtals und durchquerst anschließend die hüglige, von der Eiszeit geprägte Altmoränenlandschaft des Niederen Flämings. Hier sind an manchen Stellen Höhenunterschiede von fast 100 m zu überwinden – für Skifahrer und Skiroller recht anspruchsvolle Steigungen. Auch abseits der Strecke lassen sich so einige Entdeckungen machen. So gleitest du an hübschen Feldsteinkirchen und Mühlen vorbei, passierst Dörfer mit gemütlichen Einkehrmöglichkeiten (vor allem im Sommer) und kommst an der ein oder anderen Sehenswürdigkeit vorbei. Sei es das bereits erwähnte Kloster Zinna oder auch die Denkmäler der Napoleonischen Befreiungskriege bei Dennewitz. Gerade im Winter lohnt darüber hinaus der Besuch der Fläming Therme in Luckenwalde. Denn was lässt eine ausgedehnte Langlauf- oder Skirollerpartie im Winter stilechter ausklingen als der Besuch einer Karpatensauna mit Birkenreisig zum Abklatschen.

Möchtest du hingingen einfach nur wandern und willst dabei deinen Weg nicht mit Skatern, Langläufern und Radfahrern teilen, sei dir der Fläming Walk ans Herz gelegt. Mit seinen 43 ausgeschilderten Touren und einem Streckennetz von 450 km stellt der Fläming Walk eine gute Alternative zur Skatebahn dar. Ein Großteil der Strecken verläuft durch den Naturpark Nuthe-Nieplitz. Guter Ausgangspunkt für eine Wanderung ist Luckenwalde.

ANREISE:
Skate Arena
Am Reitstadion
Gewerbegebiet Luckenwalder Berg, 14913 Jüterbog

Mit der Bahn: RE3/RE4 bis Luckenwalde, anschließend umsteigen in Bus 753 bis Luckenwalder Berg, Jüterbog (Richtung Bahnhof Jüterbog). Von hier noch 1 Min. zu Fuß bis zur Skate Arena.

EINTRITT/KOSTEN:
kein Eintritt

LINKS:
Flaeming-Skate: www.flaeming-skate.de
Fläming Walk: www.flaemingwalk.com

WINTERSPORT

EINFACH NUR MAL ABHÄNGEN

Zum Schluss muss es nicht immer um Adrenalin, Bewegung, Spiritualität, Geschichte oder Kultur gehen. Wir meinen, du kannst auch einfach mal ohne Anstrengung und Anspruch alle Viere von dir strecken. Mach das am besten in einem hängenden Zelt, relaxe in Brandenburgs schönsten Thermen oder sei für einen Tag König oder Königin.

BORKHEIDE

ZWISCHEN DREI BÄUMEN IN DER SCHWERELOSIGKEIT

Abhängen in der Luft und alles nur so baumeln lassen – das nehmen wir heute einmal wörtlich und schlagen euch das hier vor: Ein entspanntes Wochenende im Sommer in einem ungewöhnlichen Hängezelt im Waldparadies Borkheide südwestlich von Potsdam. Dafür braucht ihr nicht mehr, als einen guten Gleichgewichtssinn und keine Höhenangst.

In den Baumzelten im Waldparadies Borkheide erlebt ihr eine sehr außergewöhnliche Zeit: Die hängenden Zelte werden mit drei Gurten an Bäumen mitten im Wald befestigt. Sie sind wie eine überdachte Hängematte. Insgesamt eine etwas wackelige Angelegenheit. Über eine Strickleiter balanciert ihr ins Zelt. Je nach Wetterlage kann das Regencape des Zeltes abgenommen werden, so dass ihr fast unmittelbar mit der Natur um euch verbunden seid – nur noch durch das Fliegennetz getrennt.

So könnt ihr beim Einschlafen die Sterne beobachten und zählen, auf Sternschnuppen warten, beim Aufwachen den (vielleicht blauen) Himmel betrachten. Vor allem nachts seid ihr mitten im regen Treiben der Waldbewohner. Klaus Herrmann, Erschaffer des Waldparadieses, erzählt, wie ein Reh oder andere wilde Tiere unter seinem Hängezelt hergelaufen sind – zum Anfassen nah. Die Geräusche und Gerüche des Waldes werden so zu einem eindringlichen Naturerlebnis mit direkter Kontaktaufnahme. Könnt ihr die Geräusche alle zuordnen?

Die Konstruktion des Zeltes, gerade weil sie ein wenig wackelig ist, entzieht euch die absolute Kontrolle und den festen

EINFACH NUR MAL ABHÄNGEN

Untersatz. Nehmt es einmal wörtlich und lasst euch hängen und fallen, achtet auf eure Atmung, lasst sie tiefer und langsamer werden, beobachtet und hört, schärft eure Sinne – so geht Entschleunigung.

Mit dem Waldparadies habt ihr alle notwendige Infrastruktur im Rücken: Toiletten und eine Gemeinschaftsküche gibt es. Marlies Langrock, Mitbetreiberin des Waldparadieses, bietet Yogaklassen am Morgen und am Abend an, die extra gebucht werden können. In der „Kulturscheune", die Teil des gesamten Ensembles sind, können sich Künstler und Kreative einmieten und austoben.

Alles in allem ein sehr inspirierender Ort für eine kurze Auszeit, in der ihr alles einmal abgeben und sprichwörtlich in den Seilen hängen könnt. Die Preise sind höher als auf einem Zeltplatz: Aber das Zelt und der Aufbau/Befestigung in den Bäumen ist ja auch immerhin inklusive: Für das kleinere 2-Personen-Zelt zahlt ihr ab 60 Euro. Das größere 3-Personen-Zelt liegt bei 75 Euro.

Zumindest für eine lange Naturnacht sind die hängenden Zelte eine sehr außergewöhnliche Aktivität. Wichtig: Bei der Konstruktion der Zelte ist es natürlich naheliegend, dass gutes Wetter die Stimmung hebt – bei Sturm und Regen geben die Vermieter die Zelte auch gar nicht erst heraus.

Und wer Lust auf mehr Hängepartien bekommen hat: Die Zelte kann man auch kaufen unter www.tentsile.com. Für jeden Kauf werden vom Hersteller drei neue Bäume gepflanzt.

In der Umgebung rund um Borkheide ist ansonsten nicht soooo viel los. Es gibt ein Museum, das dem ersten deutschen Motorflieger Hans Grade gewidmet ist, untergebracht ist dieses Museum in einer alten Propellermaschine. Grade war ein Tüftler, Flugzeug- und auch Autobauer, der den größten Teil seines Lebens in Borkheide verbracht hatte. Als Sehenswürdigkeiten rühmt sich die Gemeinde auch ein Denkmal und die letzte Ruhestädte Grabes vorweisen zu können.

Wem das nicht gefällt und wer Technikgeschichte langweilig findet, dem bleibt ansonsten am Ende wohl nichts anderes als nach Potsdam zu fahren oder rund um Borkheide wandern zu gehen: Zum Beispiel in die nahegelegene Borkheide, das Lehniner Wald- und Seengebiet oder das Potsdamer Wald- und Havelseengebiet. Auch ein Besuch der Spargelstadt Beelitz bietet sich per Fahrradtour von Borkheide aus an.

Oder: Fahrt auf dem Rückweg zu einem der schönsten lost places der Region, den Beelitzer Heilstätten, die nicht weit von Borkheide sind. Die Ruinen der Heilstätten verfallen immer mehr und geben ein schaurig-morbides Bild ab. Einen guten Blick auf die Szenerie habt ihr vom 320 m langen und 23 m hohen Baumkronenpfad.

ANREISE:
Waldparadies Borkheide
Paradiesweg 3, 14822 Borkheide

Mit der Bahn: RE7 bis Borkheide. Vom Bahnhof Borkheide sind es noch 5 Min. zu Fuß bis zum Waldparadies.

EINTRITT/KOSTEN:
Zelttyp „connect": 59 € für 2 Personen
Zelttyp „stingray": 75 € für 3 Personen

LINKS:
Waldparadies Borkheide: www.waldparadies-borkheide.de
Gemeinde Borkheide: www.borkheide.de
Tentsile: www.tentsile.com

EINFACH NUR MAL ABHÄNGEN

BRANDENBURGWEIT

VON THERMEN, SPAS UND SAUNALANDSCHAFTEN

In Brandenburg kann man an vielen Orten mittlerweile gut abhängen und Wellness-Angebote buchen. Die Thermen und SPAs des Landes sind hervorragende Orte, um die Seele baumeln zu lassen. Um das Beste vom Besten zu finden, haben wir uns aufgemacht und getestet, was wir euch für das perfekte Wellness-Wochenende empfehlen können. Wir haben die Spreu vom Weizen und die öffentlich-rechtlich verwalteten Spaßbäder von den echten Wellness-Tempeln getrennt. Hier sind unsere Best-of...

Satama Sauna Resort & SPA in Wendisch Rietz
Das Sauna-Resort am Scharmützelsee ist unser Favorit im Lande: Die Anlage ist etwas kleiner, dennoch locken fast ein Dutzend verschiedene Saunen, Hängematten, Bars und ein Restaurant. Es gibt Sauna-Yoga und eine Theater-Sauna mit 15-Minuten-Vorstellungen. Das hört sich zwar etwas zu sehr nach Animationsprogramm an, ist aber tatsächlich schön gemacht und bei einem langen Tag im Resort eine Abwechslung. Wir sahen eine 15-Minuten-Adaption des Musicals Hair. Die hippiesque Nacktheit des Publikums war sehr passend. Das Resort besticht aber vor allem deshalb, weil kein anderer Wellness-Ort so geschmackvoll eingerichtet ist. Der Stil ist eine Mischung aus Buddha-Lounge, Banja-Romantik und Country-House-Ambiente, wirklich gut kombiniert, niemals kitschig, mit dem Blick fürs richtige Detail und einer guten Prise Unkonventionalität. Mit direktem Zugang zum See.

EINFACH NUR MAL ABHÄNGEN

Strandstr. 12, 15864 Wendisch Rietz
www.satama-saunapark.de

Fontane Therme in Neuruppin
Die Fontane Therme ist von den großen Wellness-Orten im Lande die schickste. Eine der Saunen ist in den See reingebaut — man schaut beim Schwitzen unmittelbar auf den Ruppiner See und entgleitet gedanklich in die Natur. Die Therme besticht durch die große Anlage, einem großen Schwimmbecken, Solebad und ebenfalls fast einem Dutzend Saunen, Außenwhirlpools und Seezugang. Die Architektur ist eher kühl, viel Beton, es fehlt ein wenig Sinnlichkeit, aber das verhindert nicht, dass man spätestens nach dem dritten Saunagang runterfährt. In einer der vielen Ecken findet man seine Ruhe, kann sich zum Lesen zurückziehen und sich versorgt und behütet von der Außenwelt abschotten.
An der Seepromenade 21, 16816 Neuruppin
www.resort-mark-brandenburg.de/fontane-therme

Steintherme in Bad Belzig
Architektonisch ist die Anlage in Bad Belzig nach der in Wendisch Rietz und Neuruppin die schönste im Lande. Im Gegensatz zur Satama-Saunalandschaft ist die Steintherme eher unprätentiös und sachlich, aber die Gebäude sind modern und einem einheitlichen Stil verpflichtet. Die Kuppeldächer der Schwimmhalle (Solebad, ist fast wie im Toten Meer) und der Saunalandschaft vermitteln Großzügigkeit und Freiheit. Man hat viel Luft zum Atmen, fühlt sich nirgendwo in der Enge. Die Außenanlagen sind hübsch, wenn auch etwas zu ordentlich. Mehr Wildwuchs würde die sachliche Architektur gut ausbalancieren. Erlebnis-Saunen gibt es hier nicht, dafür einen guten Standard von Dampf-Sauna bis zur finnischen Sauna.
Am Kurpark 15, 14806 Bad Belzig
www.steintherme.de

Saarowtherme in Bad Saarow
Die Saarowtherme ist die Klassische unter den SPAs und Thermen: viel Weiß, hohe Säulen – das vermittelt das Gefühl, in einem römischen Bad zu sein. Es gibt zwei Saunabereiche mit einem Dutzend Saunen, wovon die Panoramasauna mit Blick in den Kurpark und auf den Scharmützelsee die schönste ist. Pools und Bars, Hamam und Rhasul ergänzen das Angebot. Die Außenanlage ist relativ klein. Relativ viele Kinder und Familien, viele Kurgäste, durch die großen Becken herrscht ein wenig Schwimmbadfeeling, aber man findet seine Ruhe und seine Ecke.
Am Kurpark 1, 15526 Bad Saarow
www.bad-saarow.de

Spreewaldtherme in Burg
Das Sole-Thermalbad fördert sein Wasser aus 1350 Metern – es ist eines der salzhaltigsten in der Region. Es gibt einen großen Badebereich mit mehreren Becken und Außenanlage, und einem luxuriösen Saunabereich, ebenfalls mit großer Außenanlage. Alles geschmackvoll gestaltet mit Anklängen an die Region: Kähne als Deko und Sole-Inhalation in Gurkenfässern gehören zum Angebot. Es ist alles stilvoll, sauber, einladend, ihr seid hier gut versorgt!
Ringchaussee 152, 03096 Burg (Spreewald)
www.spreewald-therme.de

BRANDENBURGWEIT

ABHÄNGEN WIE BURGFROLLEINS UND LEGERE PRINZEN

Als Demokraten lehnen wir die „Von und Zus" ab, aber der Lifestyle des Hochadels erscheint immer noch stilprägend. Gerade in Freizeitfragen waren die Blaublütigen uns Normalsterblichen weit voraus. Während unsereins erst im 20. Jahrhundert so was wie Urlaub und Freizeit hatte, konnte der Adel das schon Jahrhunderte vorher praktizieren: sich nichtstuend wohlig-gelangweilt auf einer samtigen Chaiselounge räkeln, ab und an vor sich hinhüsteln, kunstvoll Trübsal blasen und sehnsuchtsvoll aus dem Fenster starren. Wo könnte man besser abhängen als auf Brandenburgs Schlössern?

Es gibt eine ganze Reihe von Schlössern und Herrenhäusern, die heutzutage als Hotels genutzt werden. Darunter sind dann auch einige Fake-Schlösser, die nicht weiter der Rede wert sind. Schaut man genauer hin, bleiben am Ende im ganzen Land Brandenburg nur wenige veritable Schlösser, die wir den Massen zum gepflegten Abhängen empfehlen können:

Schlosshotel Lübbenau
Neben dem neun Hektar großen Landschaftspark prägen historische Gebäude wie Schloss, Marstall, Orangerie und Kanzlei das Bild des Lübbenauer Schlossensembles. Der aristokratische Geist ist definitiv authentisch: Seit 1621 ist das Anwesen im Besitz der Grafen zu Lynar. Die Inneneinrichtung der Zimmer ist modern und etwas beliebig. Nur die teuren Suites (Auguste Charlotte Suite) können das echte Aristokratenflair versprühen. Vier Sterne, Zimmer ab 60 bis 180 €.

Schlossbezirk 6, 03222 Lübbenau/Spreewald
www.schloss-luebbenau.de

Schloss Grube

Schloss Grube ist ein 1740 errichtetes barockes Herrenhaus derer von Quitzow, einem bedeutenden Rittergeschlecht der Prignitz. Schloss und Anlage sind nicht allzu großzügig, der Dekadenzfaktor ist eher gering, auch gibt es keinen echten aristokratischen Spirit mehr. Aber: Von allen brandenburgischen Schlosshotels ist Grube das am stilsichersten eingerichtete. Die Betreiber erhielten mehrere Denkmalpflegepreise, die Inneneinrichtung kombiniert Altes mit Modernem. Sehr gelungen. 3 Sterne, Zimmer ab 70 bis 130 €.
Gruber Dorfstr. 24, 19336 Bad Wilsnack, OT Grube
www.schloss-grube.de

Schlosshotel Großziethen

Echte Aristokraten führen das Haus und haben es wie ihr Privathaus eingerichtet. Manchmal überrascht der gar nicht einmal so aristokratische legere Touch, aber darüber sehen wir hinweg. Der Garten ist großartig. Mit einem Buch kann man dort den ganzen Tag an alte Bäume gelehnt verbringen und ab und an auf die Schlosserasse zurückkehren, um einen Earl Grey zu schlürfen. 3 Sterne, Zimmer kosten 90 bis 200 €.
Alte Dorfstr. 33, 16766 Kremmen, OT Groß Ziethen
www.schlossziethen.de

Schlosshotel Rühstädt

Eher ein Landhaus mit sich anschließendem verwildert-romantischem Park, der in die Landschaft übergeht. Große Terrasse, Bibliothek, nur 14 Zimmer, die sehr stilsicher eingerichtet sind. Das Haus wirkt nicht so hotelhaft, die Möbel sind einzeln ausgesucht, überall liegen alte Teppiche. Besonderer Prinzessinenfaktor: In jedem Zimmer steht ein Himmelbett. Es gibt einen kleinen Wellnessbereich, aber kein Restaurant (zum Essen muss man ins Dorf, Frühstück wird im Schloss allerdings serviert). Das Schloss gehört zwar keinem Aristokraten, aber

einem Denkmalschützer, und der scheint das Haus auch gut zu verstehen. 3 Sterne, Zimmer ab 70 bis 130 €.
Schloss 1, 19322 Rühstädt
www.schlosshotel-ruehstaedt.de

Schlosshotel Fürstlich Drehna
Das Schloss Fürstlich Drehna bildet mit Lindenplatz, Gutshof, Amtshaus, Gärtnerei und Brauerei ein beeindruckendes Ensemble. Auf den Resten des mittelalterlichen Vorgängerbaus wurde das Schloss bis ins späte 19. Jahrhundert erweitert und umgebaut. Der 52 ha große Landschaftspark mit seinem seltenen Baumbestand gehört zu den reizvollsten in Brandenburg – ideal zum Flanieren. Vier Sterne hat das Haus, ab 100 €. Die Fürstensuite kostet dann schon 250 €.
Lindenplatz 8, 15926 Luckau, OT Fürstlich Drehna
www.schloss-drehna.de

Schlosshotel Liebenberg
Der ehemalige Besitzer Fürst Philipp zu Eulenburg kannte im Kaiserreich Gott und die Welt. Das Schloss galt als Hotspot der Berliner High Society. Und dann platze 1906 ein Artikel über Homo-Sex-Parties des Fürsten herein und desavouierte ihn und namhafte enge Freunde des Kaisers. Philipps Gangbangs waren damals ein großer Skandal. Das Schloss ist mittlerweile Hotel mit Tagungsbetrieb. Zahlreiche Stiftungen und Unternehmen nutzen es. Die Inneneinrichtung ist wie in vielen Tagungshotels. Als Denkmal ist das Schloss und das gesamte Ensemble aber großartig: Wie ein kleines Dorf fügen sich die vielen Nebengebäude und der land- wie forstwirtschaftliche Betrieb um das Hauptgebäude, in dem auch ein gutes Restaurant ist. 4 Sterne, Preise von 80 bis 230 €.
Parkweg 1a, 16775 Löwenberger Land, OT Liebenberg
www.schloss-liebenberg.de

NOTIZEN